JOSÉ MANUEL FIDALGO
JOSÉ MORALES

INTRODUCCIÓN A LA TEOLOGÍA

Tercera edición

EDICIONES UNIVERSIDAD DE NAVARRA, S.A.
PAMPLONA

Manuales ISCR
Instituto Superior de Ciencias Religiosas
Universidad de Navarra

Primera edición: 2015
Segunda edición: 2020
Tercera edición: 2025

© 2025. José Manuel Fidalgo y José Morales.
Ediciones Universidad de Navarra, S.A. (EUNSA)
Campus Universitario • Universidad de Navarra • 31009 Pamplona • España
+34 948 25 68 50 • www.eunsa.es • eunsa@eunsa.es
ISBN: 978-84-313-4050-6 | DL NA 1296-2025
Diseño cubierta: Pablo Cerezo Marín
Printed in Spain – Impreso en España

Cupón para la Biblioteca Virtual

Accede a la versión eBook de este título por solo **1,99 €**. Con la compra de este libro puedes utilizar el siguiente cupón para la lectura en *streaming** desde la Biblioteca Virtual. **Sigue estas instrucciones** para visualizar tu libro:

1. Dirígete a la web de la Biblioteca Virtual **https://ebooks.eunsa.es/library**.

2. En la web ve a **Iniciar sesión** e introduce tu email y contraseña. Si no estás registrado, deberás completar el proceso en **Registrarse**.

3. Tras registrarte, accede a la página del libro o lee el QR de esta página. Bajo el precio podrás **insertar el código oculto en el siguiente cupón** para activar la promoción.

Despegue para visualizar

Acceso directo al eBook

Canjéalo en ebooks.eunsa.es

*Con acceso a internet desde cualquier navegador.

Colección
MANUALES DEL INSTITUTO SUPERIOR DE CIENCIAS RELIGIOSAS

1. Cada vez más personas se interesan por adquirir una formación filosófica y teológica seria y profunda que enriquezca la propia vida cristiana y ayude a vivir con coherencia la fe. Esta formación es la base para desarrollar un apostolado intenso y una amplia labor de evangelización en la cultura actual. Los intereses y motivaciones para estudiar la doctrina cristiana son variados:

- **Padres y madres** que quieren enriquecer su propia vida cristiana y la de su familia, cuidando la formación cristiana de sus hijos.

- **Catequistas y formadores** que quieren adquirir una buena preparación teológica para transmitirla a otros.

- Futuros **profesores de religión** en la enseñanza escolar.

- **Profesionales** de los más variados ámbitos (comunicación, economía, salud, empresa, educación, etc.) que necesitan una formación adecuada para dar respuesta cristiana a los problemas planteados en su propia vida laboral, social, familiar... o simplemente quienes sienten **la necesidad de mejorar la propia formación** cristiana con unos estudios profundos.

2. Existe una demanda cada vez mayor de material escrito para el estudio de disciplinas teológicas y filosóficas. En muchos casos la necesidad procede de personas que no pueden acudir a clases presenciales, y buscan un método de aprendizaje autónomo, o con la guía de un profesor. Estas personas requieren un material valioso por su contenido doctrinal y que, al mismo tiempo, esté bien preparado desde el punto de vista didáctico (en muchos casos para un estudio personal).

Con el respaldo académico de la Universidad de Navarra, especialmente de sus Facultades Eclesiásticas (Teología, Filosofía y Derecho Canónico), la Facultad de Filosofía y Letras y la Facultad de Educación y Psicología, esta colección de **manuales de estudio** pretende responder a esa necesidad de formación cristiana con alta calidad profesional.

3. Las **características** de esta colección son:

• **Claridad doctrinal**, siguiendo las enseñanzas del Magisterio de la Iglesia católica.

• **Exposición sistemática** y profesional de las materias teológicas, filosóficas (y de otras ciencias).

• **Formato didáctico** tratando de hacer asequible el estudio, muchas veces por cuenta propia, de los contenidos fundamentales de las materias. En esta línea aparecen en los textos algunos elementos didácticos tales como esquemas, introducciones, subrayados, clasificaciones, distinción entre contenidos fundamentales y ampliación, bibliografía adecuada, guía de estudio al final de cada tema, etc.

JOSÉ MANUEL FIDALGO ALAIZ
JOSÉ LUIS PASTOR
Directores de la colección

Formato didáctico

Los manuales tienen un formato didáctico básico para facilitar tanto el eventual estudio del alumno por su cuenta, el autoestudio con preceptor / tutor, o la combinación de clases presenciales con profesor y estudio personal.

Estas características didácticas son:

1. Se ha procurado **simplificar** los contenidos de la materia sin perder la calidad académica de los mismos.

2. Se simplifican los modos de expresión, buscando la claridad y la sencillez, pero sin perder la **terminología teológica**. Nos parece importante, desde un punto de vista formativo, adquirir el uso adecuado de los términos teológicos principales.

3. En el cuerpo del texto aparecen **dos tipos de letra** en función de la relevancia del contenido. Mientras que la letra grande significa contenidos básicos de la materia, la letra pequeña se aplica a un contenido más explicativo de las ideas principales, más particular o más técnico.

4. El texto contiene términos o expresiones en formato **negrita**. Se pretende llamar la atención sobre un concepto clave a la hora del estudio personal.

5. Las enumeraciones y **clasificaciones** aparecen tipográficamente destacadas para facilitar la visualización rápida de los conceptos, su estudio y memorización.

6. Al principio de cada tema, inmediatamente después del título, se incluye una **síntesis** de la idea principal a modo de presentación.

7. En cada tema se presentan varios recursos didácticos:

   • Un **esquema o sumario** de la lección (sirve de guión de estudio y memorización).

   • Un **vocabulario** de palabras y expresiones usadas en el desarrollo del tema. Sirve para enriquecer el propio bagaje de términos académicos y sirve también de autoexamen de la comprensión de los textos.

- Una **guía de estudio**. Se trata de un conjunto de preguntas. El conocimiento de las respuestas garantiza una asimilación válida de los principales contenidos.

- **Textos para comentar**. Pueden dar pie a lecturas formativas o a ejercicios (guiados por un profesor).

8. Se dispone al final de una **bibliografía básica** y sencilla de los principales documentos que pueden servir para ampliar el contenido de la materia.

PRESENTACIÓN

«La fe y la razón (*fides et ratio*) son como las dos alas con las cuales el espíritu humano se eleva hacia la contemplación de la verdad. Dios ha puesto en el corazón del hombre el deseo de conocer la verdad y, en definitiva, de conocerle a Él para que, conociéndolo y amándolo, pueda alcanzar también la plena verdad sobre sí mismo».

Con estas palabras comienza la encíclica *Fides et ratio* de Juan Pablo II. Aquí se contiene la razón de ser de toda la actividad teológica. La teología nace como un ejercicio racional para conocer a Dios a partir de la fe recibida, fe que es inspiración, aliento e impulso para esa misma tarea racional.

Recuerdo aún las palabras de un antiguo y querido profesor de filosofía que nos abría el corazón a sus alumnos en una ocasión: No me preocupa lo que hayan dicho ateos o agnósticos en la filosofía moderna y contemporánea, sino los cristianos que, sin darse cuenta y sin pensamiento crítico alguno, han asumido sus mismas posiciones y categorías… ¡Qué sabia advertencia!

¿En qué consiste en verdad pensar el mundo en cristiano? Respuesta: consiste en mirar la realidad desde Cristo, por los ojos de Cristo. Aprender a ver el mundo y la existencia con los ojos de la fe.

Mirar el mundo y el ser humano con las categorías que nacen de la fe, es algo serio y una tarea dura. Guardini hablaba de un auténtico «ejercicio de cristianismo» que exige una verdadera «conversión del pensamiento», una ascética de la inteligencia, para que la fe se haga vida y pensamiento.

A Dios se accede con la mirada adecuada. Sólo la fe cambia la mirada y nos permite ver el mundo tal y como es. La fe es la fuerza que «vence al mundo», nos permite ver la realidad, más allá de nuestros prejuicios y deformaciones.

Nos pone las cosas en su sitio, en su verdadera dimensión, en sus justas proporciones.

La teología es ejercicio de la fe que busca la comprensión de la existencia, del mundo que nos rodea y de nuestra identidad y misión. Una fe que busca entender aquello que creemos.

Las páginas de este manual didáctico del Instituto Superior de Ciencias Religiosas vieron su primera edición como una colaboración con el gran teólogo y profesor D. José Morales, entonces entre nosotros. Lo elaboramos a partir de la *Introducción a la teología* que él mismo había escrito como manual más amplio en la Facultad de Teología de la Universidad de Navarra. Ahora, con el profesor Morales ya fallecido, sale esta tercera edición, revisada y con cambios numerosos, aunque lo sustancial del contenido y la autoría original siguen presentes.

José Manuel Fidalgo

mayo de 2025

TEMA 1

QUÉ ES LA TEOLOGÍA

La teología es ciencia. La razón del creyente, iluminada por la fe, trata de comprender mejor los misterios revelados por Dios y exponerlos de manera sistemática y ordenada, basándose en la Sagrada Escritura y en la Tradición de la Iglesia. La teología presupone la fe, no es un mero ejercicio de curiosidad intelectual y se trata de ciencia de salvación porque debe ayudar al hombre a conseguir su destino eterno.

SUMARIO

1. Sentido y naturaleza de la actividad teológica · 2. Teología espontánea y teología científica · 3. Los términos teología y teólogo. 3.1. Significado no cristiano; 3.2. Significado cristiano · **4. El encuentro histórico entre la Palabra y el logos · 5. Noción de teología · 6. La teología como trabajo eclesial.**

¿A qué se llama teología? Llamamos teología a la actividad de los creyentes que tratan de **comprender** más profundamente la **Palabra de Dios** y de exponerla de manera ordenada y sistemática, en base a la Sagrada Escritura, la Tradición de la Iglesia, y con el Magisterio como guía.

- La teología es la fe que busca argumentar y razonar. A la teología pertenece tanto el creer como el pensar. Sin ambas actividades fundidas en un mismo y único acto del cristiano –creencia y pensamiento– no hay teología.

- La teología **presupone la fe** en el Dios vivo de la Revelación, que es el Dios de Abraham, Isaac y Jacob, y sobre todo el Dios y Padre de Jesucristo.

- Se basa en **la capacidad de la razón** humana para acercarse a los misterios revelados, con el fin de contemplarlos y exponerlos con el máximo rigor posible y con el respeto religioso que merecen.

- No es un saber directamente infundido por Dios en el intelecto humano, sino que procede del **esfuerzo** laborioso y voluntario de ese intelecto, iluminado por la fe cristiana.

¿Quién hace teología? Aunque es una actividad de creyentes concretos, la teología no es una empresa meramente individual. **Es la Iglesia** misma quien busca comprender y profundizar mejor su propia fe. La teología debe hacerse por lo tanto a partir de la vida de la Iglesia, en su beneficio y para su crecimiento.

Existe una **continuidad** entre la teología cristiana y la actividad filosófica y científica. Pensar en serio sobre el mundo lleva siempre a pensar sobre Dios. La teología está en continuidad con esa búsqueda humana de la verdad. Sin embargo, el conocimiento teológico afirma contenidos y perspectivas que superan las afirmaciones de otras ciencias y las purifican críticamente.

2. Teología espontánea y teología científica

La teología cristiana tiene un origen propio y específico. No procede de una mera curiosidad intelectual.

La teología es una ciencia de salvación, que debe ayudar, en último término, al ser humano a alcanzar su destino eterno. No es un lujo intelectual, sino una necesidad de la vida cristiana, que no puede ser satisfecha por ningún otro campo del saber.

Se puede hablar de que existe una teología espontánea: la comprensión de la fe que tiene toda persona creyente por el simple hecho de serlo. Esta comprensión deriva del afán de conocer la verdad que habita en el corazón humano. La teología existe porque es, en primer lugar, un desarrollo natural y espontáneo de la vida de fe. Es una manifestación de **vitalidad espiritual**. Quien de verdad ama a Dios, desea conocerle con más profundidad y con más detalle.

> Por eso la teología bien entendida nunca es una mera técnica de pensar ideas religiosas y de reflexionar neutralmente sobre ellas. La teología es mucho más, porque es un movimiento necesario de la misma razón y existencia creyentes, que buscan penetrar y asimilar mejor los misterios creídos.

La actividad teológica procede por tanto de la fe. Es un **saber de fe** que supera la razón sin negarla. La existencia de la teología se explica por las características propias de la fe, que por un lado posee ya su objeto (Dios) y por otro está en continuo movimiento hacia Él, con el fin de aprehenderlo mejor y amarlo más.

La aceptación del misterio revelado que lleva a cabo el creyente en el acto de fe no es de suyo inestable, sino que es **firme por naturaleza** y excluye toda duda o vacilación acerca de lo que se cree. La razón, impulsada por la voluntad, admite la verdad revelada, a pesar de no ser evidente, y consiente en ella.

Pero la teología es además posible y necesaria porque el objeto de la fe (Dios) se presta en sí mismo a una **reflexión**. Si el creyente acepta los misterios de la Revelación es porque considera que no están desprovistos de **sentido** y afectan a los asuntos fundamentales de su existencia.

Aunque sea trascendente, el misterio de la salvación tiene que ser accesible de algún modo por el espíritu humano. Es decir, el contenido de la fe implica cierta **inteligibilidad y coherencia** de la fe misma, y puede convertirse en objeto de reflexión y de estudio más profundo.

De aquí se deriva la existencia de una **teología científica**, es decir, una **reflexión deliberada, rigurosa y metódica**, que es lo que propiamente llamamos teología.

> Esta teología especializada o científica, de la que aquí nos ocupamos preferentemente, no se limita a usar los instrumentos propios del conocimiento ordinario y del sentido común, sino que utiliza sobre todo **categorías** más rigurosas, se ajusta a **métodos** precisos, y apunta a una **construcción sistemática** de los datos suministrados por la fe.

3.1. Significado no cristiano

Los términos 'teología', 'teólogo' y otros pertenecientes a la misma familia semántica aparecen usados con relativa frecuencia en el **paganismo**. La palabra 'teología' sirve a los antiguos griegos para designar los relatos de poetas, como Homero y Hesíodo, que se refieren a los **dioses**.

> **Platón** emplea al menos una vez la palabra 'teología' que es para él sinónimo de 'mitología' en su valor y sentido más profundos. **Aristóteles** lo usa con un significado parecido, pero en un conocido pasaje de la *Metafísica* (VI, I 1025a, 19) habla también de la «filosofía teórica» como algo dividido en tres partes: matemática, física y teología ('teología' es aquí sinónimo de 'metafísica'). Los **filósofos estoicos** del siglo II a. C. han ampliado el sentido de la voz 'teología' y designan con ella las explicaciones sobre los dioses elaboradas en el mundo intelectual, que suelen ser de orden poético o mitológico, cultual y filosófico.

3.2. Significado cristiano

Los autores cristianos introducen en estos términos aspectos nuevos, con resonancias y significaciones originales.

- **San Justino** utiliza el verbo 'teologizar' para designar la actividad exegética sobre los textos bíblicos. **San Clemente de Alejandría** distingue la *teogonía* (fábulas mitológicas) de la *verdadera teología* (conocimiento cristiano de Dios). Para **Orígenes**, teología es una doctrina recta sobre Dios. **Eusebio de Cesarea** es autor de una obra denominada *Teología eclesiástica*, donde la voz 'teología' aparece por primera vez en el título de un libro cristiano. **San Basilio** es el primero que distingue entre teología, como doctrina sobre Dios, y economía, como historia de salvación.

- Para los escritores cristianos de los primeros siglos, el teólogo es un **vidente** directo de los misterios divinos, que se hallan patentes a su espíritu por gracia extraordinaria. Teólogo es quien goza de la contemplación mística de Dios.

- El término 'teología' presenta en los escritores cristianos del Occidente latino una aparición lenta y relativamente tardía. **San Agustín** emplea cerca de ochenta veces las palabras 'teología' y 'teólogo', pero lo hace casi siempre en el sentido que les daba el autor latino **Varrón** (†27 a. C.). Éste distinguía entre teología física o natural (interpretación filosófica de las causas), poética (mitología), y política (culto sagrado). **Pedro Abelardo** (1079-1142) es el primero que utiliza la palabra 'teología' con el sentido actual científico y académico.

- El saber teológico adquiere rango de disciplina académica con la aparición de las **Universidades** (la Sorbona de París se funda en el siglo XII), y se diferencia claramente de la filosofía, de los estudios bíblicos, y del derecho canónico. Aunque el término 'teología' coexiste todavía por un largo tiempo con expresiones como *doctrina cristiana*, *sacra scriptura*, *sacra divina pagina*, es a partir de este momento histórico, cuando la voz 'teología' se reserva para designar el conocimiento sistemático y discursivo acerca de Dios y los misterios revelados.

4. El encuentro histórico entre la Palabra y el *logos*

Nos referimos con esta expresión al contacto e interrelación que se produjo en los primeros siglos entre el **cristianismo y la filosofía griega**. Este encuentro histórico entre el misterio cristiano revelado y la razón humana que investiga el mundo, es un hecho de **excepcional importancia** religiosa y cultural, y establece las bases para la armonía y buen entendimiento entre la fe y la razón, que son la raíz de la teología.

Con la revelación de Jesucristo se ponen en íntima conexión la tradición bíblica que tiene en su núcleo la Palabra de Dios (*dabar*, en hebreo) y el concepto de *logos* propio de la filosofía.

> Esta simbiosis entre la razón y la fe no ha sido un hecho fortuito, debido simplemente a unas circunstancias históricas y culturales favorables. Sin restar importancia al marco histórico, hay que decir que el entendimiento y **la alianza entre lo racional y lo revelado**, tal como lo concibe el judeo-cristianismo, responde a la naturaleza misma de las cosas, es decir, a la esencia del misterio de Dios, y a la dinámica del espíritu humano.

- **El Prólogo de San Juan**

El Prólogo de San Juan establece una correspondencia entre la fe bíblica en Dios y la búsqueda filosófica.

«En el principio existía la Palabra, y la Palabra estaba con Dios, y la Palabra era Dios». Estas solemnes afirmaciones que inician el Evangelio de San Juan, y que son afines al mensaje de San Pablo contenido en el discurso del Areópago, sugieren la existencia de un **puente** entre la fe y la razón, o entre lo que representan Jerusalén y Atenas en la historia de la humanidad. San Juan, con gran audacia, **identifica la idea griega de *logos* (razón) con el Verbo de Dios (Jesucristo)**, y alude así a una inequívoca asociación entre razón y Palabra revelada, entre el universalismo griego y el aparente particularismo religioso judeo-cristiano.

> La teología se desarrolló contando con la filosofía griega. En su aparición histórica, puede afirmarse que la teología cristiana como construcción intelectual presupone no sólo la Sagrada Escritura, sino también la filosofía griega. Sin embargo, el cristianismo se opuso al ámbito religioso pagano (las religiones paganas) con las que no entró en diálogo.

- **Relación entre teología y filosofía**

Teología y filosofía no pertenecen a dos mundos incomunicables separados por un abismo, aunque la primera sea religiosa y la segunda sea profana o secular. Existe un **nexo** entre ambas, porque la razón actúa en los dos campos, si bien lo hace de modo distinto.

- La necesaria diferenciación entre la razón y la fe, entre la filosofía y la teología, no impide la existencia de **elementos y horizontes comunes**, que exigen no sólo un reconocimiento mutuo como caminos hacia la realidad, sino también una mutua implicación.

- **La fe supera la razón pero no la elimina**. Entra en el mundo de los misterios sobrenaturales, que es un mundo invisible donde la razón, que por su propia naturaleza busca evidencia, no puede penetrar por sí sola. La razón creyente sabe sin embargo que aceptar los misterios cristianos no es absurdo, y sabe también que puede investigarlos con respeto y descubrir en ellos horizontes de racionalidad que no sospechaba.

- La afinidad entre fe y razón, o entre teología y filosofía, se advierte claramente en el hecho de que ambas investigan, desde perspectivas diversas, **el sentido último** de las cosas, y ambas proceden también de manera ordenada, sistemática y precisa en su investigación.

- La filosofía no era en la antigüedad una simple profesión intelectual o docente, sino un auténtico **modo de vivir**, según el cual el filósofo trataba de regir su existencia y su conducta en base a los más elevados principios éticos. También en este aspecto, el teólogo, como todo cristiano que reflexiona algo sobre su fe, busca en cuanto creyente la máxima **coherencia** entre lo que profesa y lo que hace.

Los cristianos de los primeros siglos decían por su parte poseer y practicar la auténtica filosofía. San Justino (siglo II) escribe en su *Dialogo con Trifón* lo siguiente: «… hallé que esta sola es la filosofía segura y provechosa. De este modo, pues, y por estos motivos soy yo filósofo, y quisiera que todos los hombres, poniendo el mismo fervor que yo, siguieran las doctrinas del Salvador. Porque hay en ellas un no sé qué de temible, y son capaces de conmover a los que se apartan del recto camino, a la vez que, para quienes las meditan, se convierten en dulcísimo descanso».

• No debe olvidarse **una diferencia capital** que existe entre la Palabra bíblica y el *logos* griego. La Palabra vincula por su autoridad, que es la **autoridad de Dios**. El creyente escucha la Palabra, la acepta devotamente y no pide de momento razones, ni examina el contenido de la Palabra misma, es decir, no la somete a comprobaciones por parte de la razón. El *logos* vincula en cambio por su **lógica interna**, que es captada inmediatamente por el intelecto del que escucha y le mueve a la aceptación.

Pero esta diversidad entre autoridad de fe y argumentación racional no ha originado para el cristianismo y el pensamiento griego, respectivamente, vías exclusivas e incomunicables para llegar a las verdades buscadas. Es decir, **no ha existido un reparto de papeles**, en el que los griegos hayan monopolizado los caminos racionales de la demostración, y los cristianos se hayan limitado a creer y aceptar la Palabra de una autoridad revelante.

La teología cristiana dejó entrar gradualmente en sus métodos **el peso de la demostración**, sin renunciar por ello a su carácter de saber teologal. Los filósofos paganos, por su parte, nunca despreciaron la autoridad, ni siquiera en su pugna inicial con el cristianismo.

5. Noción de teología

La teología puede definirse como la **ciencia en la que la razón del creyente, guiada por la fe teologal, se esfuerza en comprender mejor los misterios revelados por Dios y sus consecuencias para la existencia humana**.

La actividad teológica es *fides quaerens intellectum*: fe que busca entender, impulsada no por una actitud de simple curiosidad, sino de amor y veneración hacia el misterio.

San Anselmo de Canterbury (1033-1109), que es el autor de esa expresión que indica la esencia de la teología, observa que «el creyente no debe discutir la fe, pero manteniéndola siempre firme, amándola y viviendo conforme a ella, puede humildemente, y en la medida de lo posible, buscar las razones por las que la fe es así. Si consigue entender, lo agradecerá a Dios; si no lo consigue, se someterá y la venerará» (*Patrística Latina* 158, 263 C).

La fe es el presupuesto absoluto de la teología. Esto es así, no sólo porque la fe sea su materia prima, dado que la teología se hace a partir de la fe, sino porque la buena teología se debe hacer **desde dentro** de la fe, y es así algo más que una simple reflexión racional sobre los datos de la Revelación. Por eso afirma San Agustín: *intellige ut credas, crede ut intelligas* (entiende para que creas, cree para que entiendas).

> La teología es entonces desarrollo de la dimensión intelectual del acto de fe. Es fe reflexiva: fe que piensa, comprende, pregunta y busca. Trata de elevar dentro de lo posible el *credere* al nivel de *intelligere*, agrupando el conjunto de verdades de fe en un sistema bien clasificado, orgánico y coherente. Intenta construir intelectualmente lo revelado, según encadenamientos de conceptos que manifiesten la conexión recíproca de todos sus elementos, y relacionen efectos con causas y verdades derivadas con sus principios. La teología aparece así, dice Santo Tomás de Aquino, como una huella o trasunto de la ciencia divina: *impressio divinae scientiae* (*Suma Teológica* 1, 1, 3 ad 2).

La teología es **ciencia de la fe**. Es una reflexión primero espontánea y luego metódica, realizada por la mente cristiana en el ámbito de la Iglesia, en torno a la Revelación de Dios y a las realidades iluminadas por ella. Esto implica:

- No es una tarea individual. Su terreno y su sabia son la vida de la fe y de los misterios de la fe. Su base última es **la Iglesia entera**, a la vez beneficiaria y responsable del quehacer teológico. Es una meditación sobre la fe de la Iglesia, tal como se expresa en la Sagrada Escritura, los símbolos de la fe, las definiciones conciliares y los escritos de los Padres de la Iglesia. No busca fundamentar su objeto, sino comprenderlo.

- La teología es **discursiva y metódica**. Arranca de la fe y vive dentro de ella, pero usa el esfuerzo humano y avanza paso a paso, en un saber que necesita del tiempo para perfeccionarse y madurar.

- La teología es por tanto una actividad de **carácter intelectual** y no afectivo, aunque presupone amor y tendencia hacia los misterios sobrenaturales. Su término no es directamente la unión con Dios, que es la meta de la vía mística, sino una captación detallada y bien construida de la Revelación, es decir, un conocimiento desarrollado de la fe.

- Es propio, finalmente, de la labor teológica compenetrarse intelectualmente con la verdad revelada, en un esfuerzo de comprensión que lleva a **defenderla y exponerla** con íntima convicción y seguridad. El teólogo procura además **relacionar las verdades de fe con el resto de los conocimientos** humanos y los datos que proporciona un mundo real y creado por Dios, en el que existen verdades relativas pero estimables, causas segundas junto a la causa trascendente, y fines intermedios junto al fin último.

La teología es imperfecta. Es susceptible de progreso, porque contiene aspectos de ciencia humana.

> Esta actividad investigadora dejará siempre en el buen teólogo una saludable insatisfacción, que no debe herir su amor propio sino fomentar su **humildad**. Porque significa que está en presencia de los misterios insondables a los que alude San Agustín cuando advierte: «Si has comprendido del todo es que no es Dios lo que has encontrado».

6. La teología como trabajo eclesial

La teología es una **actividad de la Iglesia** entera. La actividad teológica se desarrolla por individuos concretos, que imprimen su propio estilo y su personalidad, pero no es un trabajo puramente individual. La teología es una actividad corporativa de la Iglesia, y nunca la reflexión privada de un teólogo. Sirve a la Iglesia y al bien de los hombres, y contribuye al Reino de Dios. La labor de los teólogos se halla, por tanto, profundamente **vinculada a la vida eclesial,** de modo que puede ser considerada en cierto sentido, un órgano de la Iglesia. La teología no es ciertamente un *oficio eclesiástico*, según el sentido preciso que estos términos reciben en eclesiología y en derecho canónico. Pero puede ser considerada una **función o ministerio**, en sentido eclesiológico amplio. La teología es así un aspecto determinado de la **función doctrinal** de la Iglesia, que engloba a su vez distintos niveles de actividad (Magisterio, teología, catequesis). Puede ser considerada una tarea específica y pública de la Palabra de la fe.

- Su carácter eclesial hace de la teología una actividad situada, es decir, sellada por una referencia al conjunto de la Iglesia, con unas **responsabilidades** y unos **límites**.

- La Iglesia no es una instancia extraña a la teología, sino el fundamento de su existencia y la condición de su posibilidad. En efecto, la fe que estudia el teólogo no es nunca algo particular sino de todos.

- El teólogo es miembro de una comunidad viva. De esta comunidad recibe la fe, y con ella la comparte. Es éste el hecho que avala, sostiene e interroga a la teología. Los teólogos están llamados, por tanto, a **servir a la comunión**.

La teología tiene **autonomía científica**. La teología no es en la Iglesia una función delegada del Magisterio eclesiástico, ni una simple derivación de éste. Ejerce un trabajo propio, con autonomía científica y responsabilidad, algo que le es necesario al Magisterio mismo en su tarea de declarar y explicar la doctrina católica.

La teología tiene **una misión en el mundo**. El destinatario de la teología no es únicamente la comunidad cristiana en cuanto tal. El teólogo se dirige también directa o indirectamente, aunque no lo haga siempre de modo explícito, al mundo de la cultura, y a la sociedad en general.

Ejercicio 1. Vocabulario

Identifica el significado de las siguientes palabras y expresiones usadas:

- inteligibilidad
- trascendente
- revelación
- razón
- mitología
- metafísica
- teogonía
- poética
- discurso del Areópago
- *dabar*
- *logos*

- *fides quaerens intellectum*
- *intellige ut credas, crede ut intelligas*
- símbolos de la fe
- escritos de los Padres
- oficio eclesiástico
- función o ministerio
- magisterio
- *sacra divina pagina*
- autonomía científica
- teología espontánea
- teología científica

Ejercicio 2. Guía de estudio

Contesta a las siguientes preguntas:

1. ¿Se puede hacer teología sin fe? Justifica la respuesta.
2. ¿Qué significa que la teología es una «ciencia de salvación»?
3. ¿Qué diferencia hay entre una teología espontánea y una teología científica?

4. Los términos 'teología' y 'teólogo' no son algo exclusivo y original del cristianismo. Señala algunos ejemplos históricos que lo corroboren.

5. Hubo un encuentro entre la fe y la filosofía griega en los primeros siglos del cristianismo. Explica su importancia para la teología y para el pensamiento cristiano.

6. Se puede decir de la teología (como de la filosofía) que es «un modo de vivir». ¿Qué quiere decir esto?

7. La teología es «ciencia de la fe». Señala las implicaciones que tiene esta afirmación.

8. Sobre la expresión *fides quaerens intellectum*: ¿quién es su autor? ¿qué quiere decir?

9. ¿En qué sentido se habla de que la teología es *imperfecta*? Razona la respuesta.

10. Se insiste mucho en que la teología no es una actividad individualista, sino eclesial. ¿Por qué? ¿Qué importancia tiene esta afirmación?

11. La teología, ¿es un conocimiento sólo para los que aceptan la fe cristiana? Razona tu respuesta.

Ejercicio 3. Comentario de texto

Lee los siguientes textos y haz un comentario personal utilizando los contenidos aprendidos:

La teología es una ciencia que tiene a su disposición todas las posibilidades del conocimiento humano. Es libre en el uso de sus métodos y análisis. Pero, al mismo tiempo, debe tener en cuenta su relación con la fe de la Iglesia. La fe no es algo que nos debemos a nosotros mismos; más bien «está edificada sobre el fundamento de los apóstoles y de los profetas, siendo piedra angular el mismo Cristo Jesús» (Ef 2, 20). También la teología debe dar por supuesta la fe, pero no puede producirla. Y el teólogo está siempre apoyado en los padres en la fe. El sabe que su especialidad no se compone de una serie de objetos o materiales históricos mezclados en un alambique artificioso, sino que se trata de la fe viva de la Iglesia. No en vano el teólogo enseña en nombre y por encargo de la comunidad de fe eclesial. Debe ineludiblemente hacer nuevas propuestas dirigidas a la comprensión de la fe, pero éstas no son más que una oferta a toda la Iglesia. Muchas cosas deben ser corregidas y ampliadas en un diálogo fraterno hasta que toda la Iglesia pueda aceptarlas. La teología, en el fondo, debe ser un servicio enormemente desinteresado a la comunidad de los creyentes. Por ese motivo, de su esencia forman parte la discusión imparcial y objetiva, el diálogo fraterno, la apertura y la disposición de cambio de cara a las propias opiniones.

JUAN PABLO II,
Alocución a los profesores de teología,
Convento de los capuchinos de Altötting,
18 de noviembre de 1980.

*   *   *

Por su propia naturaleza la fe interpela la inteligencia, porque descubre al hombre la verdad sobre su destino y el camino para alcanzarlo. Aunque la verdad revelada supere nuestro modo de hablar y nuestros conceptos sean imperfectos frente a su insondable grandeza (cf. Ef 3, 19), sin embargo invita a nuestra razón –don de Dios otorgado para captar la verdad– a entrar en su luz, capacitándola así para comprender en cierta medida lo que ha creído. La ciencia teológica, que busca la inteligencia de la fe respondiendo a la invitación de la voz de la verdad ayuda al pueblo de Dios, según el mandamiento del Apóstol (cf. *1 P* 3, 15), a dar cuenta de su esperanza a aquellos que se lo piden.

Instrucción sobre la vocación eclesial del teólogo, 1990, n. 6.

TEMA 2

LA TEOLOGÍA Y LA REVELACIÓN

La teología trata el misterio de Dios en sí mismo, tal y como se nos ha revelado, aunque en la modernidad este acceso al misterio de Dios ha sido puesto en duda por algunas corrientes filosófico-teológicas. Desde el tema de Dios, y siempre bajo la perspectiva de la salvación humana, la teología se abre también a otros temas de conocimiento: el el ser humano su actividad, el mundo.

SUMARIO

1. La teología, ciencia de Dios · **2. El cuestionamiento moderno del concepto de Dios** · **3. La secularización y el olvido de Dios.** 3.1. El proceso de secularización; 3.2. Causas de la secularización · **4. La inaccesibilidad de Dios.** 4.1. La reducción religiosa ; 4.2. La reducción filosófica ; 4.3. La reducción antropológica · **5. La centralidad del misterio de Dios para la teología** · **6. Extensión del objeto de la teología.** 6.1. El saber sobre Dios ilumina el saber humano; 6.2. El conocimiento sobre Dios es salvífico; 6.3. La teología puede ocuparse de cualquier realidad terrenal.

La teología es la ciencia de Dios. Su interés se centra en Dios y su actividad salvadora en Jesucristo a favor de los hombres. Es por definición una ciencia **teocéntrica.** Todas sus afirmaciones arrancan de Dios y a Él vuelven. La teología busca esencialmente comprender mejor quién es Dios; a partir de ahí se busca también dar sentido profundo a la existencia humana.

- **La teología considera a Dios bajo la razón de deidad** (*sub ratione deitatis*)

La teología trata de Dios en cuanto Dios, el Dios vivo de la Revelación, el Dios de Abraham, de Isaac y de Jacob, el Dios Trino que se revela en Jesucristo y en la historia de la salvación.

> No se ocupa de Dios como la filosofía, que le alcanza solamente en cuanto **causa** de los seres creados y habla por tanto de Él según lo que se refleja de su Ser en las criaturas. La teología se diferencia así de la teodicea **o teología natural**, que es el conjunto de conocimientos que el ser humano puede llegar a tener de Dios sin ayuda de la Revelación sobrenatural y se limita a estudiar la existencia, el ser y los atributos divinos.

- **La teología investiga el misterio de Dios**

La ciencia teológica estudia el ser de Dios, en la medida en que puede alcanzarlo. No olvida nunca que Dios es un profundo **misterio**, que no es un objeto del que se pueda dar información como de otros seres, puesto que no existe del modo en que existen las criaturas en el mundo.

> «A Dios nadie le ha visto jamás: el Hijo único, que está en el seno del Padre, Él lo ha comunicado» (Jn 1, 18). La Sagrada Escritura se refiere a Él como el *Dios escondido*, que habita una *luz inaccesible*. Somos seres finitos que no pueden abarcar ni comprender al Ser infinito.

> «No podemos –dice Santo Tomás de Aquino– saber de Dios *qué cosa es*. No obstante, para saber lo que en la doctrina teológica se afirma de Dios, empleamos sus obras, bien sean de naturaleza o de gracia» (*Suma Teológica* 1, 7, 1).

- **El punto de vista teológico siempre es Dios**

Que la teología es ciencia de Dios significa principalmente que todo se trata en ella desde el punto de vista divino. La teología trata siempre de Dios:

- bien en sí mismo, es decir, en su esencia, atributos y Personas divinas del Padre, el Hijo y el Espíritu Santo.

– o bien como principio y fin de todas las cosas: estudia entonces las criaturas, los actos humanos, las normas que rigen la conducta humana, la gracia divina y las virtudes.

> Un adagio antiguo dice: *Theologia Deum docet, a Deo docetur, ad Deum ducit*. La teología instruye sobre Dios, es instruida por Dios y conduce a Dios. Dios es, por así decirlo, el viento que empuja el barco de la teología.

- **La teología y el misterio de la Santísima Trinidad**

El edificio teológico puede construirse de diversos modos, pero siempre tiene en cuenta, para estructurarse adecuadamente, que Dios ha desvelado aspectos de su vida íntima trinitaria que son la base de la teología y que Él es además la causa libre y fin último de toda la realidad espiritual y visible.

> La teología, por tanto, estudia el misterio de Dios, origen y Creador del mundo, Redentor en su Hijo Jesucristo, Santificador en el Espíritu Santo, y finalmente Consumador del universo en el más allá escatológico.

- **El objeto de la teología es más amplio que el objeto de la fe**

La teología trata también **objetos secundarios** de estudio, es decir, verdades que derivan de otras ciencias y pueden contribuir a iluminar el contenido de la fe.

> En la teología todo se capta y estudia a la luz de la Revelación. De modo que todo lo que de un modo u otro se considera a la luz de la verdad revelada tiene que ver con la teología, ya se trate de los **preámbulos de la fe**, de las **verdades reveladas en sí mismas**, o de las **verdades deducidas** por conclusión.

> La teología se ocupa de las verdades formalmente reveladas (*revelatum*) y también de todas las verdades que de una manera o de otra –directa o indirectamente, como presupuesto o como consecuencias, o como hechos– pertenecen a la Revelación o están vinculadas a ella (*revelabile*). Lo *revelado* es así el principio de unidad de la teología (Cfr. *Suma Teológica* 1,1,1.).

2. El cuestionamiento moderno del concepto de Dios

El concepto de Dios ha sufrido en la modernidad una crítica y una erosión cultural muy fuerte, hasta el punto de que, en gran medida, ha perdido su contenido cristiano específico. Hoy en amplios sectores de la cultura occidental no se entiende, cuando se habla de Dios, un Dios personal, Creador y Redentor que se hace hombre en Jesucristo.

De ahí que decir que Dios es el asunto central de la teología no resulta hoy una afirmación pacífica.

Existen algunos esquemas y presupuestos mentales modernos que declaran a Dios como un **ser lejano** e incognoscible, y consideran, por tanto, imposible o superfluo el conocimiento humano (teológico) sobre Dios. Algunas líneas del pensamiento moderno niegan directamente a Dios (ateísmo o niegan la posibilidad de un conocimiento sobre Dios (agnosticismo).

Esta negación viene dada por **diversos motivos**:

- **motivos religiosos**: Dios es radical y absolutamente Otro. Dios es lejano, inaccesible al ser humano. Parece que Dios es «más Dios» en la medida en que lo entendemos como separado de este mundo.

- **motivos filosóficos**: Dios es una construcción de la mente humana, es decir, es una *idea* (en el sentido kantiano). Es una idea valiosa, útil, incluso necesaria; pero en el fondo, no es más que una idea humana. Por tanto, cuando hablamos de Dios, no estamos hablando de un ser real.

- **motivos metodológicos**: Dios no debe ser, en el fondo, un problema teórico sino práctico. La teología no debe plantearse como una cuestión sobre la verdad de Dios, sino sobre la salvación del hombre.

3. La secularización y el olvido de Dios

En la reflexión filosófica que toma cuerpo a partir de los sistemas racionalistas del siglo XVII en adelante, se produce una evolución religiosa y teológicamente empobrecida, que reduce paulatinamente a un **mero concepto** la realidad sobrecogedora del Dios Vivo de la Revelación judeocristiana. Este proceso de **disolución** presenta una gran complejidad y no resulta fácil determinar bien sus fases y articulaciones decisivas. Hemos de limitarnos, por tanto, a describirlo en sus líneas generales.

3.1. El proceso de secularización

Este proceso consiste en una paulatina **reducción de Dios a una categoría filosófica**, cuyo contenido se determina libremente según los postulados de cada sistema o ideología.

El Dios Vivo que sale a mi encuentro, al que se adora y con el que se habla, se trasforma poco a poco en una **idea abstracta**. Se deja de ver y experimentar a

Dios como real y se reduce a un concepto que sirve para dar una explicación sistemática del universo.

Para la **filosofía cartesiana**, Dios será simplemente la causa última que garantiza el orden físico del mundo.

Espinoza hablará de una única sustancia e identificará a Dios con el mundo, según la conocida ecuación *Deus sive substantia sive natura*. El camino queda ahora libre para la elaboración de un tipo de pensamiento que concibe la naturaleza como un absoluto o realidad última. La naturaleza tiene aquí algo de supremo, incognoscible y misterioso. Al final la naturaleza sustituye a Dios.

Kant entiende a Dios como una idea, que sirve de presupuesto al orden moral y de la libertad. Se trata así de un Dios funcional en el plano inteligible, como lo era el Dios de Descartes en el plano cosmológico.

Hegel se referirá a un movimiento histórico-dialéctico, en el que el Absoluto se hace a sí mismo a base de elementos finitos.

El pensamiento de **Nietzsche** proclama la «muerte de Dios» y la llegada del superhombre, que es el hombre de la voluntad de poder. El pensamiento específicamente moderno no puede ya soportar un Dios real, no confinado a la subjetividad del hombre y que no sea meramente un «valor supremo».

3.2. Causas de la secularización

Esta desaparición de Dios de amplias zonas del pensamiento contemporáneo obedece en gran medida a las siguientes causas:

- La tendencia a reducir el conocimiento humano a lo más accesible. La inteligencia se aplica cada vez más a lo sensible y manejable, y se renuncia a lo más alto: Dios y la eternidad.

- El **abuso especulativo** que se ha hecho de la Revelación, y a la pérdida del sentido del misterio. Se ha pensado a Dios desde esquemas humanos preconcebidos.

- Una **lectura insuficiente** de la Sagrada Escritura como Palabra de Dios.

- La reflexión sobre Dios parece haber prescindido de las fuentes clásicas para su conocimiento, es decir, ha prescindido crecientemente de la realidad del ser (**abandono de la metafísica**), y de la conciencia.

El **déficit espiritual** de la cultura ha afectado al campo de la teología, y ha disminuido a veces la capacidad del teólogo para discernir con total claridad el asunto central de su saber.

El tema de Dios como primera cuestión teológica se ha visto mucho más afectado por las **reducciones** derivadas de la proclamación de Dios como inalcanzable por la razón humana.

4.1. La reducción religiosa

La postura más típica de este planteamiento reductivo, que se origina a partir de una opción espiritual de fondo, es la representada por **Lutero**: «Dios ha decidido ser incognoscible e incomprensible al margen de Jesucristo». Esta afirmación programática anuncia la irrelevancia del discurso teológico, entendido como desarrollo del conocimiento de Dios.

> El Dios de Lutero es lo que él llama el Dios revestido de sus promesas. No es el Dios desnudo o Dios en-sí-mismo. No es el *absconditus*, sino el revelado, predicado y adorado. Dios no es considerado en su naturaleza y majestad, sino en su voluntad salvadora y en su relación con el hombre. No importan, por tanto, las realidades o los misterios cristianos, sino el hecho de que estoy salvado en Jesucristo por la pura gracia de Dios.

Dios se reduce a Cristo, y **Cristo se reduce a la visión creyente** que tengo de Él. No me salva en realidad porque es Jesucristo, sino que es Jesucristo, para mí, porque me salva.

Para Lutero, los hombres ignoran al margen de la Revelación quién es Dios, y tienden a convertirle en un ídolo o en un ideal humano. **No hay, por tanto, lugar para un conocimiento natural de Dios y del hombre**, dentro del cual se produzca el conocimiento revelado como un caso especial. Pero tampoco la noticia revelada sobre Dios tiene carácter especulativo. Expresa únicamente la importancia existencial de la idea de Dios.

Lutero es prácticamente el primero que esboza una **doctrina sobre el límite** de nuestras afirmaciones dogmáticas sobre Dios. De esta concepción arrancarán dos líneas contrarias de actitud religiosa:

- una **corriente racionalista**, en la que el individuo se constituye en instancia calificadora del objeto creído;

- y otra, **emocional**, donde la actividad creyente se reduce a mero sentimiento.

Son dos posturas contrarias que pueden unirse, sin embargo, en la misma persona, una vez que la fe no comporta necesariamente conocimiento de Dios.

4.2. La reducción filosófica

El autor moderno que plantea de manera más sistemática y detallada la incognoscibilidad (metafísica) de Dios por parte de la razón humana, y que ha ejercido mayor influencia a este respecto es **Immanuel Kant (**1724-1804). La influencia de Kant en la filosofía y teología moderna resulta difícil de exagerar.

> En su *Crítica de la razón pura*, Kant concluye que el único conocimiento válido es el que resulta de la conjunción de la sensibilidad y el entendimiento. Lo que el hombre puede efectivamente conocer son los fenómenos sensibles, ordenados por la actividad sintética *a priori* del entendimiento (*Verstand*).

Dios no es una realidad que verdaderamente podamos conocer, sino solamente una **idea** o contenido mental, cuya existencia no resulta racionalmente demostrable.

La importancia de Dios para la vida y el destino humanos, y para el ejercicio de la libertad, lleva a Kant a postular a Dios desde la *razón práctica*, como garante del orden inteligible y moral. **Puedo tener fe en Dios (postulado), pero no puedo tener un conocimiento válido sobre él**.

4.3. La reducción antropológica

A Dios se le conoce a partir de cómo es el ser humano. La pregunta por el hombre es entendida como el único modo posible de plantear la pregunta por Dios. En realidad la teología es **mirar al ser humano**: sus condiciones, necesidades y estructuras.

Muchos sectores de la teología cristiana contemporánea en vez de examinar y proclamar lo que el Dios Vivo hace y dice en la Biblia, se aplican a examinar si existen en nosotros las condiciones epistemológicas para conocer y entender lo que Dios dice en la Biblia. De este modo, la teología pone en el centro más al hombre y sus presupuestos que a Dios.

- El teólogo cristiano más representativo de esta postura es el luterano **Rudolf Bultmann** (1889-1976). Bultmann se caracteriza en términos generales por una radical interiorización del mensaje evangélico, del que son eliminados todos los factores relacionados con el mundo, la historia y el tiempo. La Revelación no se concibe como un acontecimiento exterior a la conciencia del hombre. Es, por el contrario, un proceso subjetivo de autocomprensión, a lo largo del cual el creyente se conoce a sí mismo.

- **K. Rahner** propone una reflexión teológica que resulte significativa para el hombre moderno, que debe ser abordada, a su juicio, con los planteamientos de la antropología trascendental. Esta antropología se pregunta en qué condiciones resulta posible el conocimiento de Dios, y sostiene además que las afirmaciones teológicas han de formularse de tal modo que el hombre pueda apreciar cómo lo que se dice en ellas se conecta con la comprensión que tiene de sí mismo. La antropología filosófica sería así presupuesto de una verdadera teología. Si el teólogo desea conseguir la credibilidad de los misterios cristianos, deberá referir las afirmaciones de fe a las estructuras trascendentales del espíritu humano.

5. La centralidad del misterio de Dios para la teología

La teología debe mantener una tensión entre estos dos elementos:

• El misterio de Dios es inalcanzable

Al espíritu humano le faltan fuerzas, y el lenguaje que quiere hablar del Dios Vivo cojea necesariamente. Dios siempre está más allá de nuestro conocimiento.

> Fiel a su hondo instinto religioso y creyente, la teología cristiana clásica nunca ha imaginado que la noción de Dios pudiera ser reabsorbida por el saber conceptual humano. Esta teología ha reaccionado adecuadamente, en la medida de sus fuerzas, ante el hecho de que **el misterio divino se esconde** y se cubre de silencio, para evitar que, en lugar de Dios, se construya un ídolo.

• No se renuncia a conocer a Dios

Pero este profundo convencimiento del misterio no implica la renuncia a conocer a Dios. Porque la trascendencia e incognoscibilidad del misterio divino no nos condena al silencio. Hay que distinguir, en efecto, entre un conocimiento imperfecto de Dios y un conocimiento falso. Podemos alcanzar conocimientos verdaderos de Dios, aunque la verdad completa está más allá de nuestras posibilidades.

6. Extensión del objeto de la teología

6.1. El saber sobre Dios ilumina el saber humano

La entera realidad del ser humano y del mundo puede y debe ser objeto de investigación teológica, en cuanto referida a Dios y a sus designios.

La teología no busca solamente una formulación o clarificación de la verdad divina en sí misma, sino también su desarrollo y exposición. Le importa el misterio por sí mismo y también porque el misterio de Dios es el único que **ilumina el misterio humano**. De hecho comprobamos en la Biblia que, con gran frecuencia, las afirmaciones sobre Dios son también afirmaciones sobre la verdad humana.

6.2. El conocimiento sobre Dios es salvífico

Cada atributo positivo de Dios declara en la Biblia algo fundamental sobre el Ser divino y tiene además una repercusión cierta e inevitable en el destino del hombre que lo conoce y confiesa. Son al mismo tiempo atributos ontológicos y económico-salvíficos. Nos enseñan, a la vez, quién es Dios y nos muestran el camino de salvación para el hombre.

> El **celo** divino, por ejemplo, expresa el anuncio de que «Yahvé es tu único Dios» (Dt 6, 4) y la exclusividad del Dios de Israel. La fuerza y el **poder** divinos hablan de la omnipotencia de Dios y llevan al hombre a percibir correlativamente su condición de criatura. La ira de Dios proclama el odio divino al pecado (Salmo 138, 22) y sobre todo afirma la absoluta santidad divina y sus consecuencias para el creyente. La **compasión** de Dios y su misericordia hacen de Él para el ser humano un Dios salvador y liberador y enseñan verdades definitivas sobre su destino presente y futuro. Se nos dice también que Dios es un «fuego devorador» (Dt 4, 24) es decir, un amor irresistible volcado sobre el hombre.

6.3. La teología puede ocuparse de cualquier realidad terrenal

Cualquier tema se puede tratar teológicamente siempre que reúna unas **condiciones**:

- **La teología busca su sentido último en el Evangelio.** Por eso los teólogos pueden y deben estudiar el significado que, desde un punto de vista cristiano, se encierra en aspectos de la actividad humana tales como las sociedades, las relaciones entre los pueblos, el uso de la naturaleza, la educación de la persona, el trabajo, la ciencia y la técnica, la economía y el desarrollo, el arte, el deporte, el gobierno de las naciones, el orden internacional, la bioética, etc.

- **A la teología le interesa la repercusión espiritual y moral.** Juan Pablo II ha recogido y desarrollado estos motivos en la Encíclica *Redemptor Hominis* (4.3.1979), principalmente cuando habla de que «Cristo se ha unido a todo hombre» (n. 13) y explica por qué «todos los caminos de la Iglesia conducen al hombre» (n. 14). Puede decirse en suma que existe una profunda conexión entre el objeto de la teología y la misión de la Iglesia, y es tarea de los teólogos proporcionar los fundamentos de esa unión y de su ejercicio en campos concretos de la realidad humana.

Ejercicio 1. Vocabulario

Identifica el significado de las siguientes palabras y expresiones usadas:

- *sub ratione deitatis*
- teodicea
- teología natural
- *Theologia Deum docet, a Deo docetur, ad Deum ducit*
- *cogitatio fidei*
- secularización
- reduccionismo
- idea (sentido kantiano)
- *Deus sive substantia sive natura*
- la «muerte de Dios»

- metafísica
- *Deus absconditus*
- postulado (sentido kantiano)
- razón pura (Kant)
- razón práctica (Kant)
- antropología transcendental (Rahner)
- transcendencia de Dios
- misterio
- atributos económico-salvíficos
- ontología

Ejercicio 2. Guía de estudio

Contesta a las siguientes preguntas:

1. «A Dios nadie le ha visto jamás: el Hijo único, que está en el seno del Padre, Él lo ha comunicado» (Jn 1, 18). ¿Qué consecuencias tiene esto para la teología?

2. ¿Qué abarca más contenido: el objeto de la teología o el objeto de la fe?

3. ¿En qué consiste el proceso de secularización?

4. ¿Qué causas se pueden señalar del olvido actual de Dios?

5. ¿Cabe un conocimiento natural de Dios para Lutero? ¿Por qué? ¿Qué implicaciones tiene la posición luterana?

6. ¿En qué consiste la «reducción antropológica» en teología? Señala algún exponente de la teología del siglo XX.

7. Si Dios es un misterio inalcanzable, ¿por qué el esfuerzo por comprender a Dios? ¿Vale la pena?

8. Comenta esta afirmación de Sto. Tomás: «El hombre ha de saber que no conoce a Dios». ¿Significa esto que no cabe un conocimiento de Dios?

9. La teología trata también otras realidades que no son Dios. ¿Por qué? ¿Bajo qué perspectiva? Señala algunos ejemplos.

Ejercicio 3. Comentario de texto

Lee los siguientes textos y haz un comentario personal utilizando los contenidos aprendidos:

«(…) tanto la fe como la razón se han empobrecido y debilitado una ante la otra. La razón, privada de la aportación de la Revelación, ha recorrido caminos secundarios que tienen el peligro de hacerle perder de vista su meta final. La fe, privada de la razón, ha subrayado el sentimiento y la experiencia, corriendo el riesgo de dejar de ser una propuesta universal. Es ilusorio pensar que la fe, ante una razón débil, tenga mayor incisividad; al contrario, cae en el grave peligro de ser reducida a mito o superstición. Del mismo modo, una razón que no tenga ante sí una fe adulta no se siente motivada a dirigir la mirada hacia la novedad y radicalidad del ser.

No es inoportuna, por tanto, mi llamada fuerte e incisiva para que la fe y la filosofía recuperen la unidad profunda que les hace capaces de ser coherentes con su naturaleza en el respeto de la recíproca autonomía. A la *parresía* de la fe debe corresponder la audacia de la razón».

JUAN PABLO II,
Encíclica *Fides et ratio*, n. 48.

* * *

Dispuso Dios en su sabiduría revelarse a Sí mismo y dar a conocer el misterio de su voluntad, mediante el cual los hombres, por medio de Cristo, Verbo encarnado, tienen acceso al Padre en el Espíritu Santo y se hacen consortes de la naturaleza divina. En consecuencia, por esta revelación, Dios invisible habla a los hombres como amigos, movido por su gran amor y mora con ellos, para invitarlos a la comunicación consigo y recibirlos en su compañía. Este plan de la revelación se realiza con hechos y palabras intrínsecamente conexos entre sí, de forma que las obras realizadas por Dios en la historia de la salvación manifiestan y confirman la doctrina y los hechos significados por las palabras, y las palabras, por su parte, proclaman las obras y esclarecen el misterio contenido en ellas. Pero la verdad íntima acerca de Dios y acerca de la salvación humana se nos manifiesta por la revelación en Cristo, que es a un tiempo mediador y plenitud de toda la revelación.

CONCILIO VATICANO II,
Dei Verbum, n. 2

TEMA 3

FE Y TEOLOGÍA

El primer presupuesto de la teología es la fe, tanto la fe que creemos (el contenido de la fe, *fides quae*) como la fe con la que creemos (la aceptación personal, *fides qua*). Sin fe no se puede hacer teología. El acto de fe del creyente versa sobre los misterios cristianos revelados, que se formulan en los dogmas. Los dogmas tienen un papel importante en la vida de la Iglesia.

SUMARIO

1. La fe como presupuesto objetivo de la teología (*fides quae*). 1.1. La materia prima de la teología; 1.2. El depósito de la fe • **2. La fe como presupuesto subjetivo de la teología (*fides qua*)** • **3. El acto de fe.** 3.1. La fe implica un acto de asentimiento; 3.2. La fe es libre e incondicionada; 3.3. La fe es razonable; 3.4. La fe es un don sobrenatural; 3.5. La fe implica un modo de vivir • **4. El misterio cristiano y los dogmas de la Iglesia.** 4.1. Qué son los dogmas; 4.2. Necesidad de los dogmas; 4.3. Los dogmas y la libertad • **5. Valor de las fórmulas dogmáticas.** 5.1. Carácter irrevocable de los dogmas; 5.2. Dimensión histórica de los dogmas • **6. La interpretación de los dogmas y su desarrollo.** 6.1. Principios de interpretación; 6.2. El desarrollo de los dogmas • **7. Ocasiones y factores de desarrollo dogmático** • **8. La fe del teólogo.**

1.1. La materia prima de la teología

El contenido revelado (los artículos de la fe o *fides quae*) constituye el fundamento y la materia prima de la teología. Es el punto de partida y la base imprescindible para el trabajo teológico. El teólogo debe ser ante todo un **creyente**, que acepta el credo de la Iglesia según el sentido que ésta otorga a cada una de las proposiciones dogmáticas.

La fe no es un invento de la razón y por tanto el teólogo **no fabrica** sus datos y contenidos, sino que **los recibe** de Dios en la Iglesia. No inventa sus datos ni tampoco los cuestiona o trata de ignorarlos o modificarlos. La teología parte de la fe y es ella misma un acto de fe. Si el teólogo no tuviera en cuenta los artículos de la fe según su recto sentido eclesial estaría desarrollando una actividad puramente intelectual y privada, que no merecería el nombre de teología. Y si presentara conclusiones personales como últimas, absolutas e irreformables podría cometer una seria imprudencia científica.

1.2. El depósito de la fe

La teología cristiana suele referirse al dato revelado objetivo, que vive en la Sagrada Escritura y en la Tradición eclesial, con la expresión **depósito de la fe.** Esta palabra recoge una de las ideas dominantes en las epístolas pastorales, en las que designa el conjunto de las riquezas de fe que han sido **confiadas** a la Iglesia, para su enseñanza, custodia y desarrollo.

El **Magisterio** actúa como **depositario,** que mantiene vivo el testimonio de los Apóstoles y garantiza su integridad. La Palabra apostólica sigue, por lo tanto, viva, no sólo como un mensaje recibido del pasado, sino como una palabra verdadera que está presente en la historia, en el hoy de la Iglesia, y en la vida de cada cristiano.

2. La fe como presupuesto subjetivo de la teología (*fides qua*)

La fe por la que creemos y con la que creemos (fides qua) es en el teólogo cristiano la **raíz** de su teología. La luz de la teología no es directamente la luz divina de la fe infusa, y tampoco es la simple luz natural de la razón humana.

- **Actitud interior ante Dios.** Usamos aquí el término fe para designar la actitud interior y la conducta libre, sobrenatural y razonable de los hombres y mujeres que han aceptado la Revelación de Dios y tratan de vivir según la voluntad divina. La fe es, por tanto, la respuesta de la criatura humana a Dios que se revela y la llama.

- **La fe como acto personal.** Creer es un suceso personal, es decir, algo que ocurre entre dos seres personales. Dios se autocomunica, se hace el encontradizo y llama, y el creyente responde a la llamada. Antes que creer algo, el fiel cristiano **cree en alguien**, a quien de alguna manera trasfiere aspectos fundamentales de su existencia, porque sabe bien que ese Alguien no puede engañarse ni engañarle.

- **La obediencia de la fe.** El Concilio Vaticano II enseña que «cuando Dios se revela hay que prestarle la *obediencia de la fe* (Rm 16, 26), por la que el hombre se confía libre y totalmente a Dios, prestando a Dios revelador el homenaje del entendimiento y de la voluntad, y asintiendo voluntariamente a la Revelación hecha por Él» (*Dei Verbum*, n. 5).

El mejor modo de captar lo que significa la fe no es la descripción abstracta o meramente conceptual, sino fijarnos en **el ejemplo de los grandes creyentes**. Entre éstos, destaca de modo singular la Santísima Virgen María.

> La encíclica *Lumen fidei* (n. 58) afirma en sus últimos párrafos que «la Madre del Señor es icono perfecto de la fe» y que en ella «la fe ha dado su mejor fruto».

3. El acto de fe

La fe contiene las siguientes **características** principales:

3.1. La fe implica un acto de asentimiento

El creyente acepta verdades y misterios que **no son evidentes** para la razón.

> «Por la fe creemos que es verdadero lo que nos ha sido revelado por Dios, y lo creemos no por la intrínseca verdad de las cosas, percibida por la luz natural de la razón, sino por la autoridad del mismo Dios que se revela, que no puede engañarse ni engañarnos» (*Dei Filius*, c.3).

El aspecto intelectual de la fe significa que la fe es **conocimiento cierto**, no simple opinión. El creyente acepta e incorpora a su visión de la realidad verdades concretas, de modo que su fe posee en este sentido un contenido preciso y cierto. El creyente no cree en general. El cristiano cree **contenidos concretos**: cree en Dios y en los misterios que Dios revela, tales como la Trinidad divina, la divinidad de Jesús, la Eucaristía, la virginidad y maternidad divina de María, la Iglesia, la resurrección de la carne, etc.

> Los que profesan una vaga fe en Dios sin más determinaciones ni consecuencias tienen en realidad una fe meramente **sentimental**. La fe auténtica penetra el ámbito de los sentidos y alcanza el mundo invisible de los misterios sobrenaturales, que son intensamente reales.

3.2. La fe es libre e incondicionada

Por la fe «el hombre se confía libre y totalmente a Dios» (*Dei Verbum*, n. 5). La persona a quien Dios se dirige es **libre** para creer o no creer. La fe es un acto de la voluntad, que se inclina hacia Dios y decide entregarse a Él.

> «¡Oh generación incrédula! ¿Hasta cuándo estaré con vosotros?» (Mc 9,19). «Dichosos los que sin ver creyeron» (Jn 20,29). Jesús atribuye directamente a la **libertad y responsabilidad** del hombre invitado a creer el hecho de que la fe haya germinado o no en su corazón.

Los signos que se contienen en la Revelación no fuerzan al ser humano a aceptarla necesariamente. El que oye la voz de Dios o ve las señales que Dios obra, permanece libre para responder o no responder. La libertad del creyente otorga así a la fe una profunda **dimensión personal** en la relación con Dios, porque el Señor no nos trata nunca como si fuéramos seres inanimados o autómatas.

3.3. La fe es razonable

La fe no se opone a la razón. Se produce en un **claroscuro luminoso** en el que el creyente se da cuenta que creer tiene **sentido**. La fe supera la razón, como la gracia supera la naturaleza, pero no la destruye ni la ignora.

La fe no se encuentra dentro de los límites de la razón ni necesita recibir, por así decirlo, el visto bueno o la aprobación de ésta. Pero esto no significa que la fe sea un asunto del sentimiento. **La fe no es absurda ni irracional**. La fe nada tiene que ver con la superstición ni con otras conductas religiosas extravagantes.

> Pascal afirma en sus *Pensamientos* (n. 273): «Si se somete todo a la razón, nuestra religión nada tendrá de misterioso ni de sobrenatural. Si se desprecian los principios de la razón, nuestra religión será absurda y ridícula».

Los creyentes tienen siempre **razones para creer**, aunque su fe proceda en último término de una moción o impulso de la gracia, y aunque muchos de ellos no sepan decir cuáles son esas razones (por falta de preparación).

3.4. La fe es un don sobrenatural

Que la fe es un **don gratuito y sobrenatural** es una profunda convicción de la Iglesia, de la que los creyentes poseen una cierta experiencia. Nadie es capaz de alcanzar ningún conocimiento salvífico sin la gracia de Dios.

> Hay personas que desearían creer y sin embargo no se sienten capaces de hacerlo. Quieren creer y no pueden. Admiran a los creyentes y hasta les envidian noblemente, pero no consiguen reproducir en su interior la actitud y la visión de aquellos. Todo indica que la fe es un don que Dios debe conceder. El hombre puede desearlo y prepararse a recibirlo con oración y docilidad a la voz de la propia conciencia.

3.5. La fe implica un modo de vivir

La fe es el principio y la base del modo de **vivir según el Evangelio**.

> «Cuantos fuimos bautizados en Cristo fuimos bautizados en su muerte. Fuimos con Él sepultados por el Bautismo en la muerte, a fin de que, al igual que Cristo fue resucitado de entre los muertos por medio de la gloria del Padre, así también nosotros vivamos una vida nueva» (Rm 6, 3-4)).

La fe es para la vida, tiende por su propia naturaleza expansiva a hacerse **operativa** y a realizarse en la existencia del creyente. La fe informa la vida; y la vida adquiere sentido y dirección gracias a la fe. Un creyente no puede vivir igual que quien no lo es.

4. El misterio cristiano y los dogmas de la Iglesia

4.1. Qué son los dogmas

La religión cristiana es una religión dogmática, en el sentido de que los misterios revelados son expresados por la Iglesia en unas **fórmulas de fe** (pocas) que traducen las verdades divinas en lenguaje humano. Los dogmas constituyen, por así decirlo, la identidad doctrinal del cristianismo

No son axiomas o principios teóricos, sino **declaraciones** precisas sobre lo que Dios ha revelado y la Iglesia ha vivido en su Tradición. Exigen un **pronunciamiento eclesial** (acto formal del Magisterio) acerca de algún punto doctrinal.

Los dogmas expresan el **aspecto objetivo de la Revelación** divina, que no puede reducirse a la subjetividad del creyente. Los dogmas son el fundamento de la recta conducta cristiana.

4.2. Necesidad de los dogmas

En estas formulaciones eclesiales que han nacido y se han acuñado en unas **circunstancias históricas** determinadas, habla la totalidad de la conciencia de la Iglesia, y han de tenerse por **válidas e incondicionadas,** como requisitos para el conocimiento religioso y la conducta moral.

La vida del hombre necesita, en efecto, principios fundamentales que **orienten** su comportamiento. Sin estos principios, la existencia cristiana no podría tener ni duración ni rumbo; pues el cristiano lleva, como todo ser humano, unos puntos de referencia fijos.

El dogma no ha de ser entendido como una afirmación o punto de vista, que se imponga arbitrariamente y con desprecio de la libertad interior y exterior del creyente. El rigor y la precisión con que suele formularse supone, por el contrario, no sólo veneración hacia el misterio que contiene, sino también **respeto y consideración** hacia el intelecto y la sensibilidad del hombre que lo acepta.

4.3. Los dogmas y la libertad

Dado que el dogma expresa, por así decirlo, la conciencia doctrinal de la Iglesia, encierra siempre un **componente eclesial y tradicional**, que no puede eliminarse.

No hay camino de la fe que no discurra **a través de la Iglesia**. Es decir, no caben búsquedas puramente experienciales, directas, subjetivas o particulares de las verdades de fe al margen de los dogmas. Tampoco caben acercamientos inmediatos a la Sagrada Escritura, al margen de la tradición eclesial. La fe del creyente no puede disociarse de la tradición que se refleja en el dogma.

Los dogmas tienen un **efecto liberador**. Los dogmas son condición de posibilidad de la **libertad intelectual cristiana**. El dogma libera el pensamiento cristiano. Sin dogmas (puntos de referencia doctrinales), estaríamos sometidos a diversos condicionamientos. Nos inventaríamos un Dios a la medida de nuestra mentalidad de época, de cultura, de conveniencia e interés, a nuestro modo de ver las cosas, etc. En definitiva, reinterpretaríamos a Dios y todo el mensaje cristiano adaptándolos a nuestros **particularismos.** El dogma libera y permite la verdad objetiva sobre Dios.

5. Valor de las fórmulas dogmáticas

Las formulaciones dogmáticas mantienen siempre **el mismo sentido** que tenían al tiempo de ser definidas por la Iglesia. No pueden por lo tanto sufrir mutaciones que alteren su significado original. El transcurso de la historia, los cambios culturales y teológicos y la evolución del pensamiento humano no modifican el núcleo de las afirmaciones dogmáticas.

5.1. Carácter irrevocable de los dogmas

El Concilio Vaticano I declara que el dogma posee su **sentido propio** de una vez para siempre y censura a quienes se apartan de ese sentido, bajo pretexto de un conocimiento superior, del progreso de la ciencia o de una interpretación más profunda de la formulación dogmática.

Este carácter irreversible e irreformable se halla implícito en la **infalibilidad de la Iglesia**, guiada por el Espíritu Santo. El Espíritu hace que la Iglesia participe de la veracidad de Dios.

5.2. Dimensión histórica de los dogmas

El Concilio Vaticano II ha presentado la doctrina de la Iglesia en un marco más amplio, ha valorizado la dimensión histórica y pastoral de los dogmas y distinguido entre el **fondo inmutable** de la fe y sus **expresiones cambiantes** según tiempos y lugares. Las enseñanzas de la Iglesia, que conservan siempre el mismo contenido y el mismo sentido, deben ser transmitidas a los hombres de una manera **viva** que corresponda a las exigencias del momento histórico.

> La declaración *Mysterium Ecclesiæ* (1973) se ha servido de esta distinción y la ha precisado. Afirma que **los dogmas son históricos**, dado que su significación «depende en parte de la capacidad expresiva que los términos utilizados poseían en un momento determinado de la historia y en ciertas circunstancias» (n. 5). Las definiciones posteriores conservan y confirman las precedentes y también las explican en un diálogo o en una confrontación con nuevas cuestiones o con errores, de modo que se hagan aún más vivas y fecundas para la Iglesia. La **inmutabilidad de los dogmas** no debe confundirse, por tanto, con un **inmovilismo** en la verdad, pero las fórmulas dogmáticas no definen esta verdad de un modo indeterminado, ambiguo o aproximado. Guardan la verdad bajo una forma válida y determinada (cfr. Comisión Teológica Internacional, *Documento sobre la interpretación de los dogmas*, 1988)

El dogma nos proporciona un conocimiento cierto de la verdad revelada que expresa, aunque sea oscuro e imperfecto. No ha de olvidarse que «las fórmulas dogmáticas deben ser consideradas como respuestas a problemas precisos, y es en esta perspectiva como permanecen siempre verdaderas» (Comisión Teológica Internacional, *Unidad de fe y pluralismo teológico*, tesis 10).

6. La interpretación de los dogmas y su desarrollo

Los dogmas **necesitan interpretación** para que la verdad que contienen se haga cada vez más clara y explícita a la Iglesia y a todos los creyentes. En este sentido puede decirse que la definición de un dogma es un punto de llegada y a la vez un punto de partida.

6.1. Principios de interpretación

La interpretación de los dogmas debe responder a los siguientes principios:

- Los dogmas **han de ser interpretados en la totalidad** de la doctrina y vida de la Iglesia (Cfr. *Dei Verbum*, n. 8).

- Hay que entender cada dogma en el conjunto de todos los demás, dado que los dogmas no son comprensibles sino a partir de sus **nexos** intrínsecos y de la «jerarquía de verdades» (Cfr. Decreto *Unitatis redintegratio*, n. 11).

- El lenguaje dogmático es analógico. Necesitan de una **compresión analógica**, que permite superar las interpretaciones puramente objetivistas y los planteamientos en exceso negativos.

- Se deben **excluir las concepciones puramente simbólicas**, que reducen el dogma a una expresión pasajera de la experiencia religiosa o de una cierta praxis social o eclesial.

- La interpretación y comprensión de los dogmas no es una mera interpretación intelectual, sino un **esfuerzo espiritual** dirigido por el Espíritu Santo.

6.2. El desarrollo de los dogmas

Los dogmas no cambian, pero se desarrollan. El hecho de que un dogma definido por la Iglesia pueda parecer una novedad, si lo comparamos con expresiones de la misma verdad en los primeros siglos de la Iglesia, no significa que esta verdad se haya alterado en el curso del tiempo. Significa sencillamente que la verdad en cuestión se ha desarrollado hasta recibir la formulación que ahora tiene.

Es decir, la doctrina no se ha corrompido ni ha perdido su pureza evangélica. Ha ocurrido sólo que **lo implícito se ha hecho más explícito**.

> Por ejemplo, cuando la Iglesia ha definido los dogmas de la Concepción Inmaculada de María (1854) y de su Asunción al cielo (1950), no ha inventado nuevas verdades marianas, sino que ha declarado explícitamente aspectos que estaban contenidos desde siempre en el misterio de la Virgen.

El desarrollo del dogma es **síntoma de vida**, quiere decir que la doctrina cristiana no es un sistema anquilosado de verdades, sino un organismo que progresa en la historia de la Iglesia sin perder nada de su identidad y de su vigencia perenne.

> El gran teólogo inglés J. H. **Newman** propone asimismo **siete criterios** que deben ayudar a distinguir un desarrollo genuino de un desarrollo falso, que supondría alteración de la doctrina desarrollada.

- **Preservación del** *tipo*, es decir, conservación de la forma fundamental, de las proporciones, y de la relación entre las partes y el todo.

- **Continuidad de principios**: cada una de las diferentes doctrinas representa principios que viven a un nivel más profundo.

- **Poder de asimilación**: una idea viva demuestra su fuerza por su capacidad de penetrar la realidad, de asimilar otras ideas, de estimular el pensamiento, y de desarrollarse sin perder su unidad interior. Es la capacidad de incorporar nuevos elementos sin alterarse o cambiar su naturaleza.

- **Coherencia lógica**: aunque el desarrollo dogmático es mucho más que una simple derivación lógica, hace falta sin embargo que sus conclusiones sean lógicamente congruentes con los datos iniciales.

- **Anticipación del futuro**: tendencias que sólo más tarde llegarán a su plenitud son signos del acuerdo del desarrollo posterior con la idea original.

- **Influencia protectora sobre el pasado**: un verdadero desarrollo confirma los desarrollos y formulaciones precedentes, mientras que una corrupción es negadora del pasado.

- **Vigor durable**: la corrupción conduce a la desintegración; lo que se corrompe no puede durar, de modo que la fuerza vital es un criterio de desarrollo fiel y genuino. Las corrupciones son destructivas y no duran. El curso de las herejías suele ser breve y transitorio, aunque a veces puedan reaparecer en formas diversas.

- **Ocasiones**

Las **polémicas doctrinales** han sido ocasión frecuente de iniciativas eclesiales en la formulación y desarrollo del dogma.

> La crisis provocada por el arrianismo (siglo IV) llevó, por ejemplo, a definir la naturaleza del Verbo divino, su generación eterna, y la consustancialidad con el Padre.

Hay que mencionar también el notable influjo de las **controversias teológicas** entre autores católicos, que a lo largo de la historia han ayudado a precisar y establecer la doctrina correcta.

- **Factores**

Como factores de desarrollo pueden mencionarse:

- La actividad doctrinal de los Padres y de los teólogos.
- La vida litúrgica de la Iglesia.
- La fe y la piedad de los cristianos.
- La acción del Magisterio eclesiástico.

8. La fe del teólogo

El saber teológico no puede ser nunca despojado de **la luz que le proporciona la fe** y ser entendido como una mera investigación racional con un régimen autónomo y sin continuidad con la Palabra de Dios. Si no existe esa continuidad, los argumentos, conveniencias, analogías y deducciones teológicas podrían carecer de todo valor y conducir a graves equivocaciones. La teología se habría convertido en una simple técnica de hablar de Dios, en un lenguaje sin base. Sólo la fe capacita para captar toda la realidad del objeto creído. El teólogo debe llevar a cabo toda su investigación dentro de esa fe recibida y vivida por la Iglesia.

Ejercicio 1. Vocabulario

Identifica el significado de las siguientes palabras y expresiones usadas:

- *fides quae*
- *fides qua*
- depósito de la fe
- epístolas pastorales
- «obediencia de la fe»
- dogma
- axiomas
- tradición eclesial

- infalibilidad
- inmutabilidad
- *nexus mysteriorum*
- interpretación simbólica del dogma
- lenguaje analógico
- *tipo*
- controversias teológicas.
- arrianismo

Ejercicio 2. Guía de estudio

Contesta a las siguientes preguntas:

1. ¿Qué significa la expresión «depósito de la fe»?

2. ¿Qué significa que el Magisterio actúa como «depositario» de la fe?

3. Reflexiona sobre la siguiente pregunta: La fe, ¿consiste en confiar en Dios o en admitir unas verdades con contenidos concretos?

4. ¿Qué significa la expresión «obediencia de la fe»?

5. ¿Hay razones para creer o se cree al margen de la razón? Razona la respuesta.

6. ¿Qué son los dogmas?

7. ¿Es el dogma algo arbitrario?

8. ¿En qué sentido se puede hablar de que los dogmas son «históricos»?

9. ¿Por qué podemos afirmar que el dogma libera al cristiano? ¿De qué le libera?

10. Señala los cinco principios para una interpretación correcta de los dogmas.

11. Señala los siete criterios para un desarrollo válido de los dogmas de acuerdo al pensamiento de Newman.

Ejercicio 3. Comentario de texto

Lee los siguientes textos y haz un comentario personal utilizando los contenidos aprendidos:

En la base de toda la reflexión que la Iglesia lleva a cabo está la conciencia de ser depositaria de un mensaje que tiene su origen en Dios mismo (cf. *2 Co* 4, 1-2). El conocimiento que ella propone al hombre no proviene de su propia especulación, aunque fuese la más alta, sino del hecho de haber acogido en la fe la palabra de Dios (cf. *1 Ts* 2, 13). En el origen de nuestro ser como creyentes hay un encuentro, único en su género, en el que se manifiesta un misterio oculto en los siglos (cf. 1 Co 2, 7; *Rm* 16, 25-26), pero ahora revelado. « Quiso Dios, con su bondad y sabiduría, revelarse a sí mismo y manifestar el misterio de su voluntad (cf. Ef 1, 9): por Cristo, la Palabra hecha carne, y con el Espíritu Santo, pueden los hombres llegar hasta el Padre y participar de la naturaleza divina ».5 Ésta es una iniciativa totalmente gratuita, que viene de Dios para alcanzar a la humanidad y salvarla. Dios, como fuente de amor, desea darse a conocer, y el conocimiento que el hombre tiene de Él culmina cualquier otro conocimiento verdadero sobre el sentido de la propia existencia que su mente es capaz de alcanzar.

Juan Pablo II,
Fides et ratio, n. 7.

* * *

El Magisterio de la Iglesia ejerce plenamente la autoridad que tiene de Cristo cuando define dogmas, es decir, cuando propone, de una forma que obliga al pueblo cristiano a una adhesión irrevocable de fe, verdades contenidas en la Revelación divina o también cuando propone de manera definitiva verdades que tienen con ellas un vínculo necesario.

Existe un vínculo orgánico entre nuestra vida espiritual y los dogmas. Los dogmas son luces que iluminan el camino de nuestra fe y lo hacen seguro. De modo inverso, si nuestra vida es recta, nuestra inteligencia y nuestro corazón estarán abiertos para acoger la luz de los dogmas de la fe (cf. Jn 8,31-32).

Catecismo de la Iglesia Católica,
nn. 88-89.

* * *

Asimilada y profundizada en la familia, la fe ilumina todas las relaciones sociales (…) ¡Cuántos beneficios ha aportado la mirada de la fe a la ciudad de los hombres para contribuir a su vida común! Gracias a la fe, hemos descubierto la dignidad única de cada persona, que no era tan evidente en el mundo antiguo. (…) En el centro de la fe bíblica está el amor de Dios, su solicitud concreta por cada persona, su designio de salvación que abraza a la humanidad entera y a toda la creación, y que alcanza su cúspide en la encarnación, muerte y resurrección de Jesucristo. Cuando se oscurece esta realidad, falta el criterio para distinguir lo que hace preciosa y única la vida del hombre. Éste pierde su puesto en el universo, se pierde en la naturaleza, renunciando a su responsabilidad moral, o bien pretende ser árbitro absoluto, atribuyéndose un poder de manipulación sin límites.

FRANCISCO,
Encíclica *Lumen fidei*, n. 54.

TEMA 4

LA RAZÓN HUMANA EN TEOLOGÍA

En la teología la razón humana es inseparable de la fe. Por eso decimos que es una razón iluminada por la fe. Hay una armonía y equilibrio entre la investigación racional y la fe en la Revelación divina. Frente a las posturas extremas del racionalismo y del fideísmo, el Magisterio de la Iglesia ha impulsado desde sus orígenes una concepción armónica de razón y fe. El cristiano no renuncia a pensar cuando cree. El teólogo, por su parte, utiliza la razón (especialmente la filosofía) para analizar, profundizar, defender y presentar al mundo las verdades de la fe.

SUMARIO

1. Definición de razón humana • 2. La razón en sentido teológico • 3. Modos históricos de entender las relaciones entre la razón y la fe. 3.1. Armonía entre fe y razón; 3.2. Primacía de la fe sobre la razón (fideísmo); 3.3. Primacía de la razón sobre la fe (racionalismo) **• 4. Declaraciones del Magisterio sobre las relaciones entre fe y razón • 5. Ejercicio de la razón en teología.** 5.1. Analizar; 5.2. Fundamentar; 5.3. Profundizar; 5.4. Defender; 5.5. Mostrar **• 6. Uso de la filosofía en teología • 7. Presencia de la filosofía en el desarrollo histórico de la teología • 8. Una filosofía adecuada para hacer teología • 9. La pauta de Santo Tomás de Aquino en el uso teológico de la filosofía.**

La razón caracteriza en gran medida al ser humano y lo distingue de los seres irracionales. La consideramos como la facultad humana por excelencia con la que el ser humano intenta **poner orden** dentro de sí mismo, y en el mundo heterogéneo de cosas y sucesos que le rodea. Es la potencia principal de que la humanidad dispone y se vale.

Generalmente hablando, **la razón se diferencia** de la sensibilidad, del sentimiento, de la experiencia y de la voluntad. Pero no se opone necesariamente a ellas, sino que más bien se complementa con todas, en las operaciones mediante las que el sujeto humano conoce y actúa.

En sentido amplio, podemos decir que la razón es la facultad cognoscitiva intelectual que procede conceptual y discursivamente, es decir, elabora **conceptos y argumentos**, para entender la realidad.

2. La razón en sentido teológico

En el lenguaje eclesial y teológico, tal como lo encontramos, por ejemplo, en los Concilios Vaticano I y II, se entiende la razón humana así:

- **Participación de la perfección divina**. La facultad intelectual humana de conocer participa (como imagen y semejanza) de la inteligencia divina.

- **Oscurecida por el pecado**. La concepción teológica de la razón admite un cierto oscurecimiento de esta facultad en el hombre como consecuencia del pecado, no tanto en sí misma como por el hecho de la torcida y defectuosa inclinación de la voluntad. La razón encontrará, por lo tanto, **dificultades** en su ejercicio.

- **Válida para conocer verdades**. La Iglesia ha mantenido siempre, lejos de posturas escépticas, que la razón humana, apoyada en los datos de la experiencia, puede llegar a descubrir la existencia de un Dios Creador, así como el núcleo de deberes éticos que vinculan la conciencia. Enseña también que la razón puede demostrar los fundamentos o prolegómenos de la fe, y alcanzar con ayuda de ésta una cierta inteligencia verdadera de los misterios.

  Estas declaraciones se hallan en la línea habitual de la tradición de la Iglesia, que siempre se ha mostrado acogedora hacia la razón y se ha opuesto a todas las formas de desprecio indebido hacia sus posibilidades cognoscitivas.

3. Modos históricos de entender las relaciones entre la razón y la fe

Un examen de la historia de la teología cristiana nos permite apreciar tres grandes posturas, al menos, en la manera de articular la fe y la razón:

3.1. Armonía entre fe y razón

La fe y la razón son dos órdenes diferentes de conocimiento (uno natural y el otro sobrenatural), pero que no se excluyen entre sí. Al contrario, pueden darse juntos y en armonía dentro del mismo sujeto. Esta postura teológica de armonía recorre la corriente principal del pensamiento cristiano, en línea con el magisterio y la tradición.

> San Agustín defiende que la fe es el punto de partida («cree para entender») y que la razón ayuda a profundizar en la fe. No hay contradicción entre ambas porque la verdad es una y viene de Dios. San Anselmo sostiene que la fe busca comprender (*fides quaerens intellectum*). La razón puede esclarecer y demostrar racionalmente verdades ya aceptadas por la fe.

> Santo Tomás de Aquino fue el gran pensador y sistematizador de la armonía entre fe y razón. La razón puede llegar a ciertas verdades naturales (como la existencia de Dios), pero la fe es necesaria para conocer verdades sobrenaturales (como la Trinidad). Ambas proceden de Dios y, por tanto, no pueden contradecirse.

De acuerdo a esta armonía, las verdades religiosas se pueden dividir en dos grupos:

- **Verdades que pueden demostrarse por la razón humana**. Pertenecen, por ejemplo, al primer grupo verdades como «Dios existe», «Dios es bueno», «hay un solo Dios».

- **Verdades que exceden la capacidad de la razón humana** Estas verdades son aceptadas en base a la fe, no en base a la razón. Como nuestro intelecto no se ve empujado a aceptarlas, el creyente las acepta libremente, con base en la fe. La fe, por lo tanto, no entra en conflicto con la razón, sino que eleva y perfecciona el intelecto humano, y se convierte en un acto libre y meritorio de la mente. Estas verdades, sin embargo, que no son demostrables racionalmente, tampoco repugnan a la razón: están más allá de la razón, pero no son contradictorias con la razón. Lo aceptado por la fe nunca es irracional, ni absurdo. Por el contrario, se podría afirmar que los contenidos de la fe tienen una supra-racionalidad.

Este tratamiento cristiano clásico de fe y razón **excluye** que la razón pueda **de-** **mostrar los misterios** propiamente dichos, como el de la Trinidad, pero afirma la capacidad de esa facultad humana para aducir pruebas en favor de que Dios ha revelado esos misterios.

Semejante armonización lleva consigo el repudio de la **teoría de la doble verdad**, según la cual habría una verdad según la razón, y otra verdad según la fe, de modo que lo que es verdadero en un ámbito podría no serlo en el otro.

3.2. Primacía de la fe sobre la razón (fideísmo)

La consideración de que la razón es un elemento contaminante de la fe forma parte de casi todos los planteamientos religiosos derivados de la visión luterana. La **fe desnuda** no necesita ni quiere ningún tipo de apoyo racional o histórico.

La ausencia de pruebas, demostraciones y referencias racionales, se considera no una carencia desafortunada, sino un mérito y un valor de la propia fe.

Tanto la **teología luterana** como la **calvinista** concuerdan, con ligeras diferencias, en este planteamiento. Tanto los defensores de la Revelación como acontecimiento trascendente y externo al hombre, como los que entienden el acontecimiento revelador como un proceso subjetivo y atemporal, sostienen una misma noción de fe sin apoyos humanos, que no puede asociarse de ningún modo a la razón. La creencia no es considerada susceptible de valoración racional.

3.3. Primacía de la razón sobre la fe (racionalismo)

Lo que caracteriza a la actitud racionalista es el intento más o menos sistemático y consciente de encerrar a **la fe dentro de los límites de la razón**. Se trata de una postura errónea hacia la que se desliza con facilidad el espíritu humano y que ha tenido representantes a lo largo de toda la historia del cristianismo El racionalismo ha sido siempre, por tanto, un riesgo en la reflexión de los teólogos cristianos.

La fe se ve como obligada a comparecer ante el tribunal de la razón, que es considerada la única facultad con título suficiente para aprobar o desaprobar la legitimidad de las creencias, vistas en sí mismas. Este criterio racionalista, que no reconoce los derechos y la dinámica propia de la fe cristiana, se refleja en el vaciamiento de la noción de misterio (Locke), en la clausura de la fe «dentro de los límites de la razón pura» (Kant), o en la proclamación de la superioridad del concepto sobre la creencia (Hegel).

4. Declaraciones del Magisterio sobre las relaciones entre fe y razón

La Iglesia se ha pronunciado con frecuencia acerca de las relaciones entre la razón y la fe. Sus intervenciones en este campo **aceptan el uso de la razón y de la filosofía** para comprender mejor y exponer la doctrina cristiana, a la vez que advierten del peligro de racionalismo, cuando la razón sobrepasa sus límites y se atribuye cometidos que no tiene.

> El **concilio de Nicea I**, celebrado en el año 325 para combatir la herejía de Arrio, representa un importante capítulo en la historia de las relaciones entre doctrina cristiana y filosofía. Para expresar la igualdad numérica o identidad de la naturaleza del Padre y del Hijo, se usó el término filosófico *homoousios* que significa *consustancial* (de la misma sustancia). Se introdujo así por vez primera **una palabra tomada de la filosofía** en una fórmula de fe. Era un hecho sin precedentes, porque hasta entonces los credos de la Iglesia habían usado únicamente expresiones y términos procedentes de la Sagrada Escritura.

El **Concilio Vaticano I** (1869-1870) en la constitución dogmática *Dei Filius*, sobre la fe católica,, en el capítulo IV, titulado «Fe y Razón», dice lo siguiente:

> «Cuando **la razón iluminada por la fe** busca diligentemente, con piedad y prudencia, entonces llega a conseguir, con la ayuda de Dios, una cierta inteligencia muy fructuosa de los misterios, bien sea por analogía con lo que conoce por vía natural, bien sea por la conexión de unos misterios con otros y con el fin último del hombre. Sin embargo, nunca podrá llegar a ser capaz de penetrarlos como verdades que constituyen su objeto propio.

> »Pero aunque la fe esté por encima de la razón, **jamás puede haber un verdadero conflicto** entre ellas: puesto que el mismo Dios que revela los misterios y comunica la fe es el que comunicó al espíritu humano la luz de la razón, Dios no puede negarse a sí mismo, ni la verdad puede jamás contradecir a la verdad. Esta apariencia imaginaria de contradicción se origina las más de las veces, bien porque los dogmas de fe no han sido entendidos y expuestos según la mente de la Iglesia, o porque se toman como conclusiones de la razón lo que sólo son falsas opiniones.

> »Y no sólo no pueden jamás estar en desacuerdo la fe y la razón (cfr. n. 11,15), sino que además se prestan **mutua ayuda**; puesto que la recta razón demuestra los fundamentos de la fe e iluminada con la luz de la fe se dedica a la ciencia de las cosas divinas. Por su parte, la fe libera y protege de errores a la razón y le suministra múltiples conocimientos».

5. Ejercicio de la razón en teología

El uso adecuado de la razón y de todas sus posibilidades cognoscitivas es **imprescindible** para la teología. La ciencia sobre Dios adquiere así la condición de sólido y verdadero conocimiento humano y se libra de serios peligros y deformaciones, tales como el fideísmo y la superstición, y otras actitudes puramente sentimentales.

La razón introduce en teología el **sentido crítico** necesario y las argumentaciones rigurosas que permiten al creyente satisfacer las demandas y preguntas legítimas de la inteligencia. El ejercicio de **la razón corrige las actitudes fideístas** que confunden lo sobrenatural con lo incoherente, lo misterioso con lo fantástico y lo tradicional con lo legendario.

La tarea de la razón en teología resulta compleja, pero es también profundamente unitaria:

5.1. Analizar

La teología procede según el estilo preciso de la inteligencia y las leyes comunes a todo saber. Intenta por tanto **analizar** datos, **comprobar** su valor, **descubrir** relaciones y **definir** objetos, es decir, delimitar sus propiedades y elementos constitutivos.

No intenta, sin embargo, demostrar los misterios sobrenaturales, porque éstos sobrepasan la capacidad humana y son indemostrables por definición. El teólogo busca una **justificación** reflexiva y una **iluminación** del misterio de fe, pero no pretende probarlo.

5.2. Fundamentar

La razón teológica trata de fundamentar hermenéuticamente **los preámbulos de la fe,** y hacer ver que la Palabra de Dios merece ser aceptada y creída por una persona normal, y que cuando alguien cree en Dios, en Jesucristo y en la Iglesia es que tiene **razones** para hacerlo, aunque el origen de su fe esté en la gracia divina. La fe no es nunca un salto en el vacío irracional.

5.3. Profundizar

La teología procura además **entender mejor las verdades de la fe,** advertir el sentido y la hondura de cada una de ellas y encontrar las articulaciones que unen a unas con otras. Descubre asimismo la **conveniencia** de esas verdades y la importancia que tienen para la existencia humana y una recta interpretación del mundo.

5.4. Defender

Examina las objeciones contra la fe y muestra que ésta tiene mucho que decir a favor de sí misma. Analiza y se toma en serio las críticas levantadas contra las creencias cristianas. La teología señala que esas objeciones pueden derivar de prejuicios incrédulos o de un desconocimiento de la fe misma. Si poseen fundamento, contribuirán a corregir malentendidos o exposiciones insuficientes y parciales de la doctrina cristiana.

5.5. Mostrar

Al analizar y construir su objeto, la razón teológica hace pasar finalmente el contenido de la fe desde una percepción personal de la Revelación a una **expresión universal y pública,** que pueda ser comunicada y enseñada a otros. La teología actúa en todo momento en la convicción de que el mensaje cristiano no se deja privatizar, y que sus dimensiones comunicativas manifiestan a la vez su capacidad para la trasformación de la sociedad. Difundir en el mundo los grandes valores cristianos como la paz, la justicia, la verdad, la compasión, y la concordia entre los hombres, es tarea ineludible de la razón teológica.

6. Uso de la filosofía en teología

La relación entre teología y filosofía ha sido un asunto capital en la historia del pensamiento cristiano. Y encierra actualmente una gran importancia. La estrecha **vinculación** entre teología y filosofía se apoya, al menos, en las siguientes consideraciones:

- Ambas afrontan **las cuestiones fundamentales** que interesan a la existencia humana, y sus dominios vienen a ser en parte comunes.

- La fe cristiana da un amplio espacio a la razón. La Revelación contiene, por así decirlo, **una metafísica implícita**, que no se halla, desde luego, explícita, ni está presente por sí misma; pero la contiene.

- De otro lado, **la filosofía proporciona preguntas** que la teología procura responder a partir de la fe; y ensancha ella misma, apoyada en la perspectiva teológica, el campo de sus propias cuestiones.

- La filosofía proporciona a la teología **un lenguaje** y unos conceptos, aptos para dar expresión inteligible y ordenada a la Palabra de Dios.

- La fe **protege** a la filosofía y hace que ésta mantenga abierto su horizonte de cuestiones fundamentales, como son Dios, el ser y la Verdad.

- La filosofía, a su vez, ayuda a comprender la Palabra, aunque su relación con la teología sea con frecuencia **conflictiva** y casi nunca logre un equilibrio pleno. Se trata de una relación que no se plantea en abstracto, y de hecho el contacto entre filósofos y teólogos suele estar impregnado de recelos y desconfianzas.

  Suele decirse que el filósofo teme al teólogo, porque le cree precipitado en sus conclusiones y excesivamente desenvuelto al emplear la filosofía. Se dice también que el teólogo tiembla ante el filósofo, porque se siente contemplado por él con ojos críticos. Es en suma una relación difícil, que por su misma tensión está ordenada a ser creadora.

7. Presencia de la filosofía en el desarrollo histórico de la teología

Es evidente que, desde sus primeros orígenes, el mensaje cristiano contenido en el Nuevo Testamento no rehúye sino que busca, **el encuentro con la reflexión filosófica de los griegos**. Los severos pronunciamientos de los cristianos en contra de la religión pagana nunca se extenderán a la filosofía (salvo en casos excepcionales). Los intelectuales creyentes se presentan a sí mismos ante la sociedad y cultura paganas como los seguidores de la «verdadera filosofía».

- **San Agustín** es un defensor decidido de estos planteamientos, que acepta y practica con la debida discriminación. La filosofía, por sí misma, no sólo no lleva a despreciar la verdad revelada, sino que es la única vía sólida que nos permite comprenderla.

  Sin duda la teología utiliza conceptos que provienen de la filosofía, pero ha sabido adecuarlos y perfeccionarlos para que sirvan a la comprensión de la verdad revelada.

- **San Anselmo** recoge la herencia agustiniana y ofrece una visión cada vez más articulada de las relaciones entre razón y fe. Para él no existe una razón competidora de la fe, ni viceversa, de modo que ambas pueden hablar un lenguaje común.

- Filosofía y teología confluyen, para **santo Tomás de Aquino**, en una sola construcción y elaboración racional de la fe cristiana. Para él, no es posible una contradicción entre ellas.

La filosofía no desarrolla en la ciencia sagrada un papel externo o periférico, sino que suministra a la teología un patrón de racionalidad que permite ordenar, interpretar y expresar los contenidos revelados.

Parece que es al final de la Edad Media cuando se acuña la expresión *Philosophia ancilla theologiae* (la filosofía es esclava de la teología), que ha sido interpretada de diversas maneras en la historia del pensamiento.

Considerado en sí mismo, el adagio deriva de una visión de las cosas que encierra aspectos permanentes para un teólogo. Significa que la Sabiduría divina ha de preceder a la sabiduría humana, pero indica también que la filosofía resulta imprescindible para el trabajo teológico. Este trabajo necesita desarrollar una tendencia integradora que aúne teología y filosofía, sin confundirlas ni someter una a otra.

- La autonomía de la filosofía que se instaura con **Descartes y Kant**, conduce a la **disolución** de todo vínculo significativo con la teología. Se piensa incluso que la ciencia sagrada debe someter sus conclusiones a la filosofía. La crisis en las relaciones entre ambas disciplinas se agudiza aún más, si cabe, por el uso global del kantismo y del idealismo que muchos teólogos católicos llevaron a cabo con escasos resultados en las primeras décadas del siglo XIX.

- En la teología contemporánea, además de la **oposición dialéctica** entre ambas disciplinas, defendida por **Karl Barth**, han tenido gran difusión en el mundo teológico las ideas de **Paul Tillich** (1886-1965), que ha aplicado a la relación teología-filosofía la idea básica de su sistema, que es el principio llamado de **correlación.** Según Tillich, teología y filosofía han de pensarse juntamente porque se hallan en una relación de mutua dependencia en razón de su objeto, que para nuestro autor es el ser. Este objeto sería considerado en abstracto por la filosofía, y en concreto por la teología.

- La relación teología-filosofía es asunto central en el pensamiento de **Karl Rahner** (1904-1984), que habla de **circularidad hermenéutica** para expresarla.

  Entre ambas ciencias existiría una relación bilateral, que se traduce en una doble relación de servicio o ancilaridad: hay una relación fundamental de servicio de la filosofía respecto a la teología, y una análoga relación subsidiaria de la teología respecto de la filosofía. Propósito central de Rahner es reivindicar la necesidad de que la teología cuente con la filosofía en su trabajo, como único modo de superar los peligros del positivismo dogmático y del biblismo.

- El intento metodológico de **W. Kasper** considera que el discurso sobre Dios presupone la cuestión metafísica del ser, de modo que en cuanto discurso sobre Dios, la teología se convierte en asociada y garante de la filosofía.

8. Una filosofía adecuada para hacer teología

Hay que tener en cuenta los siguientes criterios para el uso de la filosofía en teología:

- **Toda verdad filosófica,** todo pensamiento verdadero y probado, puede ser utilizado por el teólogo.

- Ha de existir afinidad entre la filosofía empleada y la teología. Ésta necesita operar con **una filosofía realista**, es decir, un sistema de pensamiento según el cual la razón humana, apoyada en los sentidos, pueda conocer la realidad del mundo.

- Será además una **filosofía universal y abierta a lo espiritual**, que no niegue a priori la existencia de realidades que no sean accesibles a los sentidos y a la experiencia común. Aceptará al menos la posibilidad de un mundo trascendente al mundo visible.

- Se debe reconocer las **limitaciones** de algunos tipos de filosofía:

  - **El empirismo radical no es adecuado** para la explicación teológica, porque disuelve el ser permanente de las cosas y del hombre mismo en impresiones y sensaciones fugaces, además de negar la existencia real de lo que no se ve, y prescindir de la relación ontológica entre el efecto y su causa.

  - Lo mismo puede decirse de **los sistemas filosóficos historicistas**, que convierten la mutación histórica en un absoluto, y disuelven el ser humano en el mar de la contingencia.

  - **La filosofía de la existencia y la fenomenología** contienen elementos muy útiles y válidos para el trabajo teológico, tales como su insistencia en los aspectos personalistas y su crítica al agnosticismo crítico. El teólogo deberá también conocer las deficiencias de estas filosofías, especialmente la escasa apreciación de un horizonte de transcendencia y una idea reducida de los valores éticos. El fin del hombre no puede consistir en la contemplación del abismo.

9. La pauta de Santo Tomás de Aquino en el uso teológico de la filosofía

La primera **recomendación** moderna del Magisterio de la Iglesia a favor de la doctrina de Tomás de Aquino se encuentra en la ya citada **encíclica** *Aeterni Patris*, publicada por León XIII en 1879. La necesidad de que el pensamiento católico retornara a Santo Tomás parecía imponerse a raíz de la negativa experiencia provocada por el uso en teología de determinadas filosofías modernas. **Volver a Santo Tomás** suponía restaurar la comunión entre la razón y la fe, devolver a la razón sus derechos legítimos y corregir sus usurpaciones y posibles abusos.

La encíclica *Aeterni Patris* cuenta con algunos precedentes significativos. Juan XXII propuso ya al aquinate como maestro, al canonizarlo en 1323. Los concilios de Florencia y Trento utilizaron ampliamente su obra teológica; y el Vaticano I se apoya expresamente en el doctor angélico al ocuparse de las relaciones entre fe y razón.

El Concilio Vaticano II recomienda a Tomás de Aquino al tratar de la formación sacerdotal.

> Dice el **decreto** *Optatam totius*: «Para exponer de la forma más completa los misterios de la salvación, aprendan los alumnos a profundizar en ellos y a descubrir su conexión por medio del trabajo especulativo y bajo el magisterio de Santo Tomás».

Estas recomendaciones no pretenden, como es lógico, constituir a Tomás de Aquino en maestro exclusivo de la teología, ni avalan todas sus tesis, ni buscan excluir la legitimidad de escuelas y sistemas dentro del pensamiento cristiano. Se insiste en el **carácter perenne** de la doctrina de Santo Tomás y de su estilo de hacer teología. Considera que el sistema filosófico-teológico tomista posee una actitud permanente para guiar al espíritu humano en la búsqueda de la verdad, y que trasciende por lo tanto las coordenadas históricas en que se originó. Tomás de Aquino ofrece una **metafísica natural** que es válida para todos los tiempos.

Ejercicio 1. Vocabulario

Identifica el significado de las siguientes palabras y expresiones usadas:

- racionalismo
- fideísmo
- facultad cognoscitiva
- *fides quaerens intellectum*
- síntesis epistemológica
- teoría de la doble verdad
- teología calvinista
- *homoousios*
- preámbulos de la fe

- metafísica implícita
- *philosophia ancilla theologiae*
- oposición dialéctica
- circularidad hermenéutica
- ancilaridad
- fenomenología
- agnosticismo crítico
- contingencia

Ejercicio 2. Guía de estudio

Contesta a las siguientes preguntas:

1. ¿En qué consiste el planteamiento clásico (especialmente de Sto. Tomás de Aquino) de equilibrio entre razón y fe?
2. ¿Qué es el fideísmo? Señala algún ejemplo histórico.
3. ¿Qué es el racionalismo? Señala algún autor.
4. Indica cinco características del ejercicio de la razón en teología.

5. ¿Qué características tiene que tener una filosofía que se puede articular válidamente con la teología católica?

6. ¿Qué significa la expresión *philosophia ancilla theologiae*? ¿Tiene un sentido negativo?

7. ¿Qué tipos de filosofía no son válidas para la fe cristiana? ¿Por qué?

8. ¿Qué relevancia tiene el término *homoousios* en la historia de las relaciones fe-razón?

9. ¿Se puede ser teólogo y escéptico? Razona la respuesta.

Ejercicio 3. Comentario de texto

Lee los siguientes textos y haz un comentario personal utilizando los contenidos aprendidos:

Sobre lo que creemos de Dios hay un doble orden de verdad. Hay ciertas verdades acerca de Dios que sobrepasan la capacidad de la razón humana, como es, por ejemplo, que Dios es uno y trino. Hay otras que pueden ser alcanzadas por la razón natural, como la existencia y la unidad de Dios, etc., que incluso demostraron los filósofos por la luz natural de la razón».

Sto. Tomás de Aquino
Suma contra gentiles, Libro I, cap. III.

* * *

La enseñanza de los dos Concilios Vaticanos abre también un verdadero horizonte de novedad para el saber filosófico. La Revelación introduce en la historia un punto de referencia del cual el hombre no puede prescindir, si quiere llegar a comprender el misterio de su existencia; pero, por otra parte, este conocimiento remite constantemente al misterio de Dios que la mente humana no puede agotar, sino sólo recibir y acoger en la fe. En estos dos pasos, la razón posee su propio espacio característico que le permite indagar y comprender, sin ser limitada por otra cosa que su finitud ante el misterio infinito de Dios.

Así pues, la Revelación introduce en nuestra historia una verdad universal y última que induce a la mente del hombre a no pararse nunca; más bien la empuja a ampliar continuamente el campo del propio saber hasta que no se dé cuenta de que no ha realizado todo lo que podía, sin descuidar nada.

Juan Pablo II,
Fides et ratio, n. 14.

TEMA 5

EL LENGUAJE Y LA TEOLOGÍA

Puesto que la Revelación divina se expresa en el lenguaje humano, éste se convierte en condición de la ciencia teológica. La palabra es, sin duda, el principal vehículo de comunicación de las verdades reveladas, aunque existen también otros lenguajes no hablados. Todo el conocimiento de Dios es analógico y se expresa en un lenguaje analógico.

SUMARIO

1. Lenguaje y revelación • **2. Los lenguajes de la fe.** 2.1. Lenguaje bíblico; 2.2. Lenguaje litúrgico; 2.3. Lenguaje teológico; 2.4. Lenguaje catequético • **3. Otros modos de expresión religiosa.** 3.1. Lenguaje icónico ; 3.2. Lenguaje gestual; 3.3. El silencio • **4. La analogía.** 4.1. Necesidad de la analogía; 4.2. Fundamento de la analogía; 4.3. Tipos de analogía; 4.4. Las tres vías (fases) de la analogía • **5. *Analogia entis* y *analogia fidei*** • **6. La teología negativa** • **7. La renovación del lenguaje teológico** • 7.1. Exigencia científica; 7.2. Atención a los términos teológicos; 7.3. Importancia de la Sagrada Escritura.

1. Lenguaje y revelación

Los teólogos han sentido siempre el problema de una ciencia divina que utiliza, paradójicamente, el lenguaje de los hombres.

La Palabra de Dios se expresa en lenguaje humano: con nombres, verbos y adjetivos, tomados de la gramática humana. Por eso el lenguaje es condición de posibilidad de la teología.

La teología no tiene lenguaje propio porque se basa en la Revelación y ésta usa el mismo lenguaje humano. El sistema de signos por el que los seres humanos se comunican ha sido convertido en cauce de la automanifestación de Dios.

El lenguaje de los misterios revelados habla con sencillez sobre verdades inefables. Paradójicamente, no es un idioma misterioso o esotérico. Habla de un modo humano e inteligible.

2. Los lenguajes de la fe

El misterio de Dios se expresa, humanamente, en diversos modos lingüísticos. Sobresalen especialmente entre ellos los siguientes:

2.1. Lenguaje bíblico

Se refiere al lenguaje usado en los textos del Antiguo y del Nuevo Testamento. Este lenguaje presenta una indiscutida **superioridad** y es de algún modo punto de referencia, criterio, y fuente para los demás.

En los textos de la Sagrada Escritura aparecen muchas formas lingüísticas:

- **Narraciones**

Hay aspectos de la fe cristiana que sólo pueden presentarse mediante la narración de acontecimientos históricos.

> Las formas de lenguaje narrativo recogidas en el Nuevo Testamento son principalmente **relatos biográficos**, que se ocupan de la vida de Jesús (nacimiento, infancia, tentaciones, bautismo, pasión y muerte, resurrección) o de personajes centrales de la acción sagrada, como Pedro y Pablo. Son también **relatos de milagros**, o **narraciones didácticas** como las parábolas.

> No faltan tampoco en el Nuevo Testamento las **formas discursivas** de lenguaje, que son vehículo preferente de la controversia religiosa (cfr. Mc 2, 1-3,6; 11, 27-12, 35), de la enseñanza catequética (cfr. Jn 4; 6; 13-17; Hch 20), y sobre todo de la predicación y anuncio del *kerygma* evangélico (cfr. Mt 5-7; Hch 6; 13; 17).

La liturgia y el culto constituyen también un marco de gran importancia para expresar y experimentar la fe en los libros sagrados. El lenguaje cultual neotestamentario se contiene especialmente en las confesiones de fe, los himnos, las doxologías y las oraciones.

Las **confesiones de fe** suelen tener carácter cristológico y formulan con brevedad y precisión la creencia de la Iglesia, que se ve presidida por su Señor. Pueden ser nominales, como «Jesús es el Señor» (1 Co 12, 3), «Jesús es el Cristo, el Hijo de Dios» (Jn 20, 31), o más largamente enunciativas, como la contenida en 1 Co 15, 3-5: «Os trasmití, en primer lugar, lo que a mi vez recibí, que Cristo murió por nuestros pecados, según las Escrituras; que fue sepultado y que resucitó al tercer día, y que se apareció a Cefas y luego a los Doce». Parece que el Credo se podría haber desarrollado a partir de estas fórmulas de fe.

- **Himnos**

Expresan la fe y la admiración y agradecimiento hacia las obras divinas de modo poético (cfr. Jn 1, 1-18; Rom 1, 3-4; Col 1, 15-20; Ef 2, 14-16; Lc 1, 46-55: *Magnificat*; 1, 68-79: *Benedictus*; 2, 29-32: *Nunc Dimittis*). En ellos se fundan la reflexión contemplativa y la emoción religiosa.

- **Doxologías**

Manifiestan la **alabanza a Dios**, que se despliega discursivamente, como en Rom 16, 25-27: «A Aquel que puede consolidaros conforme a mi Evangelio y a la predicación de Jesucristo…, a Dios, el único Sabio, por Jesucristo, a Él la gloria por los siglos de los siglos. Amén». El libro del Nuevo Testamento que más doxologías contiene es el Apocalipsis. Entre las **oraciones**, podemos mencionar principalmente el Padre Nuestro (Mt 6, 9-13; Lc 11, 2-4), y la plegaria sacerdotal de Jesús (Jn 17).

- **Mitos y lenguaje mítico**

Carácter especial presenta el llamado **lenguaje mítico de la Sagrada Escritura**. Se trata de un lenguaje descriptivo en el que, mediante escenas y expresiones de carácter simbólico, se trasmite una enseñanza religiosa. La creación de mitos se nos presenta como un modo típicamente humano de establecer puentes con el mundo real. El mito expresa, por tanto, asuntos fundamentales de la existencia humana.

La Biblia emplea en ocasiones el lenguaje mítico, que es un vehículo lingüístico, imaginativo y plástico, de verdades reveladas. Lo cual nada tiene que ver con ficciones o falsedades.

Lenguaje mítico es, por ejemplo, algunos modos de la narración del pecado original (Gn 3), en la que, mediante los elementos simbólicos del paraíso, el árbol de la ciencia, la serpiente y su diálogo con la mujer, etc., se nos dice un acontecimiento primordial, un hecho que tuvo lugar al comienzo de la historia del hombre, a saber, que el mal entró en el mundo, no por obra de Dios sino por obra de la libertad humana.

La Biblia usa el mito como forma de lenguaje, como modos de expresar verdades religiosas; pero esto no significa que la Biblia narre «mitos». De hecho, la Sagrada Escritura es a la vez un libro profundamente **desmitificador**, que habla de Dios como persona (no como fuerza anónima del cosmos), que se apoya en la realidad de las cosas (no en un mundo fantástico o irreal), y que sitúa la Revelación salvadora en el tiempo histórico (no en la atemporalidad, propia de los mitos).

2.2. Lenguaje litúrgico

Basado directamente en el lenguaje cultual y doxológico de la Biblia, el lenguaje litúrgico representa un verdadero **tesoro de contenidos semánticos** cristianos. Ha sido desarrollado por la dimensión orante de la Iglesia, y se contiene principalmente en el misal, la liturgia de la horas, y los rituales de sacramentos.

2.3. Lenguaje teológico

Este lenguaje es en cierto modo derivado del lenguaje bíblico y narrativo. Nace y se desarrolla gradualmente por la necesidad de expresar los misterios de la fe cristiana de modo riguroso y preciso. Los teólogos cristianos de los primeros siglos acudieron con este fin al **lenguaje de la metafísica clásica**, representada para ellos por Aristóteles, Platón y Plotino, y tomaron prestados, por así decirlo, sus términos como sustancia (*ousia*), sujeto (*hipocheimenon*), persona (*hipóstasis*), individuo (*atomon*), naturaleza (*fisis*), causa (*aitia*), potencia (*dinamis*), forma (*morfe*), materia (*hile*), etc.

> Este lenguaje metafísico, aplicado a la teología, ha sido denunciado por autores principalmente protestantes (A. Harnack, A. Ritschl) como corruptor o contaminador de la pureza originaria del mensaje cristiano. Los teólogos cristianos que han usado este lenguaje habrían **helenizado indebidamente** el cristianismo. En realidad, si se analiza con detalle la actividad de la Iglesia antigua en este terreno, se advierte que la obra teológica y magisterial de Padres, teólogos y concilios fue una **cristianización de la filosofía griega**.

2.4. Lenguaje catequético

Es un lenguaje que trasmite los contenidos básicos de la fe, de una manera que lleve a experimentar lo mejor posible aquello que propone. El catequista expone sistemáticamente la fe, para que se haga **operativa** en la vida de quien escucha.

3. Otros modos de expresión religiosa

La cuestión teológica del lenguaje manifiesta históricamente la hegemonía de la palabra verbal y escrita en la cultura de Occidente y en la Iglesia latina. Hay otros modos de expresión, de **tradición oriental**, que se enraízan en el silencio.

Junto al lenguaje verbal (mítico o lógico), podemos hablar de un lenguaje icónico o de imágenes, un lenguaje corporal o de gestos, y un lenguaje hecho de silencio.

3.1. Lenguaje icónico

Es aquél en el que la palabra hablada o escrita se subordina a la imagen, y sirve eventualmente para explicarla. El lenguaje de las **imágenes**, directo y plástico, se fundamenta en el hecho espiritual y visible de la representación sacra, y se expresa en la iconografía cristiana. Es un lenguaje usado en toda la Iglesia, pero se ha desarrollado especialmente en el Oriente donde ha dado lugar a una teología y a una reflexión de gran riqueza artística y religiosa

3.2. Lenguaje gestual

El cuerpo es para el hombre no sólo lugar originario de relación con las cosas y con los demás hombres, sino también **reflejo del espíritu y de la trascendencia**. El cuerpo no es obstáculo o adversario de la expresividad religiosa, sino que, por el contrario, nos puede introducir y mantener en la dimensión espiritual.

> El lenguaje gestual se halla presente en la Sagrada Escritura, e incorporado especialmente a la **oración**, tanto personal como comunitaria. **Gestos** como la genuflexión, las manos extendidas y orantes, las miradas, las inclinaciones de cabeza, los golpes de pecho, los signos de la cruz, la postración, encierran una expresividad que difícilmente pueden igualar las palabras. Son gestos que sugieren el carácter sobrecogedor e inefable del misterio santo, y manifiestan además el mundo interior del creyente.

La percepción religiosa del misterio divino y la conciencia de su carácter inefable ha impregnado la teología cristiana, desde sus inicios, de una fuerte presencia del silencio, como **vía para entrar en el misterio** infinito y situarse respetuosamente junto a él. También el silencio es un lenguaje de la fe.

> San Pablo ha escuchado «palabras arcanas que no es lícito al hombre pronunciar» (2 Co 12, 4), y su enseñanza nos dice que el más alto y el más puro alcance del **acto contemplativo** es el que ha logrado dejar atrás el lenguaje verbal. Lo inefable está más allá de las fronteras de las palabras.

El silencio es aquí, por tanto, el **lugar de la epifanía** y de la autorrevelación del Ser, y el único portavoz adecuado del inexpresable misterio de Dios. Este silencio cristiano no es vacío, sino **plenitud de Palabra**.

El silencio se halla incorporado a la **liturgia** como parte esencial de la oración ante el misterio de Dios.

> La exhortación apostólica *Verbum Domini* de 2008 en su n. 66 señala que «redescubrir el puesto central de la Palabra de Dios en la vida de la Iglesia quiere decir también redescubrir el sentido del recogimiento y del sosiego interior».

4. La analogía

La limitación del lenguaje humano para expresar el misterio de Dios es evidente. Las palabras que se usan para las realidades creadas adquieren en Dios una significación que, en parte entendemos, pero en parte se nos escapa, pues la distancia entre la criatura y Dios es infinita. ¿Qué queremos decir cuando decimos que «Dios es bueno»? ¿Realmente entiendo qué significa la palabra 'bueno' cuando la aplico a Dios?

4.1. Necesidad de la analogía

Para **superar los límites del lenguaje humano**, y emplearlo para hablar de Dios y de los misterios cristianos, la vía más adecuada se encuentra en la analogía. La analogía es el modo de usar el lenguaje finito de modo que sirva, en cierta medida, **para hablar de Dios** y de lo infinito.

La analogía desempeña, por lo tanto, **un papel fundamental** en la teología especulativa, porque nos permite hablar de Dios y de las cosas divinas de modo que nuestro lenguaje tenga sentido y no sea meramente ficticio o vacío.

Analogía es una manera de emplear las palabras para que, en determinadas condiciones, digan algo acerca de lo que Dios es y hace.

El uso analógico de las palabras **evita dos extremos** en los que puede caer el lenguaje teológico.

- **Equivocidad**. Afirmar que nada podemos decir de Dios, porque el Ser divino es de tal modo inefable que está por encima de nuestra capacidad de hablar. Los nombres que atribuimos a Dios no significan nada que sea inteligible para nosotros. No son más que metáforas, imágenes y símbolos, que poseen una finalidad práctica.

- **Univocidad**. Afirmar que los términos teológicos pueden emplearse unívocamente tanto para hablar de Dios como para hablar del hombre, porque significan básicamente lo mismo.

4.2. Fundamento de la analogía

La analogía se basa en el hecho de la **creación**. Presupone, en definitiva, que todas las cosas creadas **participan,** por la creación, en el Ser divino, y que existe por tanto una cierta semejanza de la criatura con el creador. Esta **semejanza** nos permite usar, dentro de ciertos límites, un lenguaje común a ambos. Cuando, por ejemplo, digo analógicamente que "Dios es bueno o justo" estoy diciendo varias cosas:

1. Afirmo que Dios es bueno o justo en el mismo sentido en que puedo afirmar que "un hombre es bueno o justo" (**vía positiva**).

2. Niego que Dios tenga el carácter limitado e imperfecto que puede tener un hombre bueno o justo (**vía negativa**).

3. En Dios la bondad y la justicia son en grado eminente: están abiertas a un sentido infinito que se me escapa su total comprensión (**vía de eminencia**).

Esto se ha venido en llamar *analogia entis,* analogía del ser o analogía ontológica, puesto que el ser de la realidad creada tiene una semejanza con el Ser de Dios (no son dos seres absolutamente distintos). La base metafísica es la **doctrina de la participación:** el ser de las cosas creadas participa del Ser Divino por el acto creador.

4.3. Tipos de analogía

En el pensamiento de Tomás de Aquino, la analogía recibe también los nombres de proporción, semejanza… Suele dividirse comúnmente en analogía de atribución y analogía de proporcionalidad.

- Hay **analogía de proporcionalidad** cuando un término se usa de varios sujetos, pero según la medida que conviene a cada uno de ellos. Por ejemplo, la 'vida' se puede afirmar de Dios, del ser humano, de un animal, de una flor, pero no del mismo modo, sino proporcionalmente al diverso grado de ser de cada uno.

- Hay **analogía de atribución** cuando la predicación se hace según una relación de prioridad y dependencia, de modo que la perfección predicada pertenece sin duda al analogado principal, pero podría no estar en los analogados secundarios.

Cuando la perfección o atributo predicado se halla presente en todos los analogados –como, por ejemplo, la bondad afirmada de Dios, los ángeles, los santos, la persona virtuosa–, la analogía de atribución se denomina **intrínseca.** Si el atributo sólo se encuentra en el analogado principal se llama **extrínseca**: por ejemplo, se dice 'cuerpo sano' y 'alimento sano', pero en realidad la salud solo está en el cuerpo sano (cuerpo que tiene salud); el alimento sano significa "que da salud", no "que tiene salud".

Cuando Santo Tomás invoca la analogía para determinar el sentido del lenguaje religioso, y rechaza tanto la univocidad como la equivocidad, se refiere a la **analogía de atribución intrínseca**, que dice algo perteneciente objetivamente a todos los analogados.

Esta analogía de atribución intrínseca vale únicamente para el lenguaje que expresa **perfecciones simples** (verdad, bondad, belleza, ser, causa, persona...), que pueden prescindir del espacio, del tiempo y de la materia. No vale para las llamadas perfecciones mixtas (hablar, ver, sentir, caminar, amar), en cuyo caso se trata de un **lenguaje antropomórfico** metafórico.

4.4. Las tres vías (fases) de la analogía

El método de predicación analógica se aplica según tres momentos: positivo, negativo, y eminencial, que corresponden a las denominadas vía positiva, vía negativa, y vía de eminencia.

- **Vía positiva**

En el primer momento **hablamos de Dios positivamente**, es decir, le atribuimos determinadas perfecciones, como la bondad, la sabiduría, la eternidad, el amor, la justicia, etc.

Cuando 1 Jn 4, 8 dice que "Dios es amor", nuestra palabra 'amor' es trasladada según su sentido humano a Dios, y conservando su significado natural adquiere un sentido divino. Lo mismo sucede cuando San Pablo habla de la justicia de Dios y de nuestra justicia (cfr. Rom 3, 21 s.). Hay un traslado de sentido, pero **no una simple metáfora**.

- **Vía negativa**

En un segundo momento **eliminamos** en Dios todas las características negativas, limitadas e imperfectas, que resultan incompatibles con su naturaleza espiritual e invisible (materia, corporeidad, temporalidad…).

- **Vía de eminencia**

La vía de la eminencia busca finalmente indicar **la modalidad infinita** que es sólo propia de Dios, y que se sugiere en la perfección finita. Al decir que el hombre es bueno, libre, inteligente, afirmamos que Dios es **sumamente** bueno, libre e inteligente. Santo Tomás pretende con la analogía salvar el conocimiento de Dios, mínimo pero cierto, y preservar la trascendencia divina, dado que Dios no es incluido en el orden común del ser.

5. *Analogia entis y analogia fidei*

La expresión *analogia fidei* (analogía de la fe) es de origen bíblico y significa «concordancia con la fe» (Rm 12, 6). Se refiere en un primer momento no tanto a la doctrina como a la vida que deben llevar los cristianos según el evangelio.

Los Padres de la Iglesia usan la expresión para indicar la **concordancia** y correspondencia entre el Antiguo y el Nuevo Testamento, o entre el conocimiento natural y las verdades reveladas. Este significado continúa en los teólogos medievales más importantes. Tomás de Aquino insiste en la idea de que un texto bíblico o un artículo de la fe no han de tomarse separadamente, sino que deben ser leídos e interpretados **a la luz del entero horizonte de la Sagrada Escritura**. Hay entonces *analogia fidei* «cuando se hace ver que la verdad de un pasaje de la Biblia no contradice la verdad de otro» (*Suma Teológica* I, 1, 10, ad 2.).

El sentido profundo de la *analogia fidei* estriba en que Dios viene hacia el ser humano y le ayuda a entender que el lenguaje humano significa aspectos del misterio divino. Gracias a la Palabra de Dios, podemos usar términos como 'padre', 'hijo', 'espíritu', etc. , para referirnos a Dios analógicamente, y no solo en un sentido metafórico.

El método de la analogía ha sido combatido en su alcance ontológico, y en sus principales repercusiones para el lenguaje sobre Dios, por la teología protestante, especialmente por el gran teólogo calvinista **Karl Barth** (1886-1968). Preocupado por afirmar la absoluta trascendencia de Dios, que considera como lo «radicalmente Otro» respecto a la criatura, Barth niega la posibilidad (analógica) de cualquier tipo de relaciones reales del ser creado con el Ser divino. La analogía de la teología clásica es considerada por Barth como *analogia entis*, a la que él contrapone la *analogia fidei*, que supondría un conocimiento de Dios que no se basa en las fuerzas de la razón sino en la gracia. La analogía (*fidei*) de la que habla Barth no reside, por tanto, en el ser de las cosas ni en una capacidad propia del lenguaje, sino exclusivamente en la Revelación misma.

6. La teología negativa

Se entiende por teología negativa, o **teología apofática,** un conocimiento sobre Dios que procede por vía de negación: como Dios está por encima y más allá de todo lo creado, no puede ser conocido tal como es por ninguna inteligencia, ni expresado perfectamente en ningún enunciado de lenguaje.

Hay una presencia considerable de teología negativa en la historia cristiana.

Los **apologistas cristianos** (Justino, Teófilo de Antioquía, Clemente Alejandrino, etc.) usan la teología de negaciones en su doctrina sobre Dios, con el fin principal de oponerse a las concepciones paganas antropomórficas, que ignoran la existencia de un Dios único y trascendente. Este Dios que se revela en la Biblia es inefable, inengendrado, innominable, impasible, inmenso, etc. Son los atributos negativos, que proceden de la filosofía, y que se distinguen de los positivos, tomados de la Sagrada Escritura (Dios es santo, misericordioso, justo, compasivo, perdonador, etc.).

San Basilio y San Gregorio de Nisa hablan de la mística de la «tiniebla divina». **San Agustín** está convencido de que la razón nos exige negar en Dios los atributos en el sentido ordinario que nuestro lenguaje les concede, y que estos actos de negación manifiestan de algún modo la trascendente perfección divina, y nos proporcionan una conciencia más viva de esa perfección. El autor cristiano más importante en el uso y en la sistematización de la teología negativa es **Dionisio Areopagita** (siglo VI), a cuyos escritos se debe principalmente la integración de la negatividad en la teología latina.

La escolástica medieval busca en todo momento un equilibrio entre conocimiento e incognoscibilidad de Dios. Para **Sto. Tomás de Aquino**, la negatividad es el signo no de un definitivo ocultarse de Dios, sino de una apertura y comunicación de la vida trinitaria al ser humano. El pensamiento y la visión no pueden concluirse, por tanto, en la teología negativa. La teología negativa necesita la teología positiva como base y como coronamiento.

La **teología oriental cristiana** ha manifestado siempre gran sensibilidad hacia los aspectos inefables y ocultos del misterio revelado.

La negatividad y el lenguaje negativo en teología despiertan **actualmente** considerable atención. La atracción de la teología apofática obedece en parte al declinar de los sistemas y construcciones dogmáticos, el desarrollo de la teología mística, y la influencia lingüística de la filosofía analítica. Estos factores representarán una nota positiva siempre que no debiliten las afirmaciones y los presupuestos acerca del conocimiento de Dios por la fe y la razón.

7. La renovación del lenguaje teológico

Los lenguajes de la fe experimentan, como cualquier lenguaje humano, una **necesidad de renovación**. La inmutabilidad de las verdades de la fe no elimina el imperativo de realizar cambios oportunos en la predicación (anuncio kerigmático), la explicación (teología) y la formulación (magisterio) del mensaje revelado.

7.1. Exigencia científica

Si la teología debe profesar el **talante científico** que le corresponde como ciencia de la fe; si debe estar atenta a trabajar en el marco de la fe de la Iglesia, y si debe tener en cuenta las experiencias y preguntas de los hombres y mujeres de cada momento histórico, es evidente que ha de renovar razonable y oportunamente su lenguaje.

7.2. Atención a los términos teológicos

- Términos invariables

La renovación del lenguaje teológico no debe alterar el sentido de términos que en la teología cristiana contienen **un significado establecido**, que viene indicado por la Sagrada Escritura y por la reflexión de la Iglesia. Palabras como Trinidad, Creación, Revelación, Encarnación, Resurrección, etc., conviene **no cambiarlas ni adaptarlas** a un lenguaje más moderno, porque supondría atribuirles un sentido diferente, perderían sustancia teológico-religiosa, y se habría operado mediante tal procedimiento una deconstrucción de la fe.

- Términos fundamentales

Hay además términos fundamentales, como persona, gracia, sacramento, libertad, justificación, verdad, que encierran una gran densidad semántica, y que presentan no sólo un aspecto ontológico sino también importantes vertientes psicológicas, emocionales y operativas. La renovación de este lenguaje consistirá generalmente en situarlo bien en su **contexto** y saber explicar todo el **alcance** de su significado.

Como alma de la teología, la Biblia es **punto de referencia imprescindible** para la revisión crítica y prudente del lenguaje de la fe. La Sagrada Escritura expresa por entero el proceso de encarnación de la Palabra de Dios (cfr. *Dei Verbum* n. 13), como un bien de salvación que toma cuerpo y se materializa dentro de un sistema lingüístico. La Biblia ofrece un **patrimonio único** e inagotable de los grandes temas y elementos religiosos de la Revelación, en su conexión con las principales actitudes de la conciencia humana y cristiana. La Biblia es raíz, materia prima y test permanente de todo lenguaje pastoral y teológico.

Ejercicio 1. Vocabulario

Identifica el significado de las siguientes palabras y expresiones usadas:

- automanifestación de Dios
- parábolas
- *kerygma*
- confesión de fe
- himno
- doxología
- mitos / lenguaje mítico
- rituales de sacramentos
- helenización del cristianismo
- icono / lenguaje icónico
- signos sagrados
- epifanía
- analogía
- atribución intrínseca
- univocidad
- equivocidad
- doctrina de la participación
- analogía de proporcionalidad
- analogía de atribución
- *analogia entis / analogia fidei*
- perfecciones simples
- teología negativa
- apofatismo
- vía de eminencia
- apologistas
- filosofía analítica

Ejercicio 2. Guía de estudio

Contesta a las siguientes preguntas:

1. ¿Con qué lenguaje podemos hablar de Dios? ¿Es algún lenguaje especial?
2. ¿Por qué es tan importante el lenguaje bíblico?

3. ¿Qué tipos de lenguaje hay en la Sagrada Escritura?

4. Los relatos de la Creación del Génesis, ¿son mitos? Aclara este punto.

5. ¿Se pueden usar conceptos filosóficos para expresar verdades de fe? ¿Destruye eso el significado original de la fe? Razona la respuesta.

6. ¿Qué significa el silencio en la liturgia?

7. Explique brevemente qué es la analogía (*analogia entis*) y cuál es su importancia para la teología.

8. ¿Cómo puedo hablar de Dios si es infinitamente distinto de las cosas creadas? ¿Puedo conocer algo válido sobre Dios a partir de mi conocimiento de este mundo?

9. ¿Qué es la *analogia fidei*? ¿Se contrapone a la *analogía entis*?

10. ¿En qué consiste la teología negativa o *apofática*?

11. ¿Con qué criterios se ha de renovar el lenguaje que se usa para explicar la fe?

Ejercicio 3. Comentario de texto

Lee los siguientes textos y haz un comentario personal utilizando los contenidos aprendidos:

La importancia de la instancia metafísica se hace aún más evidente si se considera el desarrollo que hoy tienen las ciencias hermenéuticas y los diversos análisis del lenguaje. Los resultados a los que llegan estos estudios pueden ser muy útiles para la comprensión de la fe, ya que ponen de manifiesto la estructura de nuestro modo de pensar y de hablar y el sentido contenido en el lenguaje. Sin embargo, hay estudiosos de estas ciencias que en sus investigaciones tienden a detenerse en el modo cómo se comprende y se expresa la realidad, sin verificar las posibilidades que tiene la razón para descubrir su esencia. ¿Cómo no descubrir en dicha actitud una prueba de la crisis de confianza, que atraviesa nuestro tiempo, sobre la capacidad de la razón? Además, cuando en algunas afirmaciones aprioristicas estas tesis tienden a ofuscar los contenidos de la fe o negar su validez universal, no sólo humillan la razón, sino que se descalifican a sí mismas. En efecto, la fe presupone con claridad que el lenguaje humano es capaz de expresar de manera universal –aunque en términos analógicos, pero no por ello menos significativos– la realidad divina y trascendente. Si no fuera así, la palabra de Dios, que es siempre palabra divina en lenguaje humano, no sería capaz de expresar nada sobre Dios. La interpretación de esta Palabra no puede llevarnos de interpretación en interpretación, sin llegar nunca a descubrir una afirmación simplemente verdadera; de otro modo no habría revelación de Dios, sino solamente la expresión de conceptos humanos sobre Él y sobre lo que presumiblemente piensa de nosotros.

Juan Pablo II,
Fides et ratio, n. 84.

* * *

Por su parte, la teología dogmática debe ser capaz de articular el sentido universal del misterio de Dios Uno y Trino y de la economía de la salvación tanto de forma narrativa, como sobre todo de forma argumentativa. Esto es, debe hacerlo mediante expresiones conceptuales, formuladas de modo crítico y comunicables universalmente. En efecto, sin la aportación de la filosofía no se podrían ilustrar contenidos teológicos como, por ejemplo, el lenguaje sobre Dios, las relaciones personales dentro de la Trinidad, la acción creadora de Dios en el mundo, la relación entre Dios y el hombre, y la identidad de Cristo que es verdadero Dios y verdadero hombre. Las mismas consideraciones valen para diversos temas de la teología moral, donde es inmediato el recurso a conceptos como ley moral, conciencia, libertad, responsabilidad personal, culpa, etc., que son definidos por la ética filosófica.

Juan Pablo II,
Fides et ratio, n. 66.

TEMA 6

LA SAGRADA ESCRITURA

Se llaman fuentes de la teología a los lugares donde los teólogos encuentran la materia para su actividad científica. Ninguna de las fuentes de la teología es un contenido aislado, sino que constituyen una unidad con una profunda relación entre ellas. La primera fuente es la Sagrada Escritura. Es el alma de la teología, porque da vida y sentido a toda la actividad del teólogo.

SUMARIO

1. La Sagrada Escritura, alma de la teología • **2. El canon bíblico.** 2.1. Definición; 2.2. Formación del canon; 2.3. Criterios de canonicidad • **3. Inspiración de la Escritura.** 3.1. Definición; 3.2. Base escriturística de la inspiración; 3.3. Características de la inspiración; 3.4. Otros aspectos de la inspiración • **4. La exégesis** • **5. Desarrollo histórico de la exégesis.** 5.1. Exégesis judía y en el Nuevo Testamento; 5.2. La hermenéutica patrística; 5.3. La exégesis medieval; 5.4. Renacimiento; 5.5. A partir de la Ilustración • **6. Tareas y principios de una correcta hermenéutica bíblica.** 6.1. Tareas de la hermenéutica bíblica; 6.2. Principios de la hermenéutica bíblica • **7. La crítica textual.** 7.1. Qué es la crítica textual; 7.2. Principios básicos de crítica textual • **8. Géneros literarios y sentidos de la Sagrada Escritura** • 8.1. Sentido literal o histórico; 8.2. Sentido pleno o espiritual; 8.3. Sentido figurado o típico • **9. Los métodos histórico-críticos.** 9.1. La crítica de las fuentes; 9.2. La historia de las formas; 9.3. La historia de la redacción • **10. Sagrada Escritura, Iglesia y teología.**

• **Lugar de preeminencia**

La Sagrada Escritura es la Palabra de Dios escrita, y ocupa en la Iglesia un lugar especial de **preeminencia** y **veneración**. Contiene el mensaje divino de salvación que bajo la inspiración del mismo Espíritu Santo que habló mediante los profetas, fue redactado por escritores sagrados, entre los que se cuentan los Apóstoles.

• **Conexión con la Tradición**

La Sagrada Escritura se encuentra íntimamente **unida y compenetrada con la Tradición**, que deriva de los Apóstoles y se desarrolla en la Iglesia con ayuda del Espíritu divino. Ambas –Escritura y Tradición– surgen de la misma fuente, se funden en cierto modo, y tienden a un mismo fin.

> «La Sagrada Tradición y la Sagrada Escritura constituyen por tanto un solo depósito sagrado de la Palabra de Dios, confiado a la Iglesia» (*Dei Verbum*, n. 10).

• **Alma de la teología**

La Biblia puede considerarse como el alma de la teología. Es el centro de la actividad del teólogo y su punto de partida. Una verdadera teología sin adecuado fundamento bíblico resultaría inviable.

> Por eso afirma *Dei Verbum* que «la sagrada teología se apoya, como en cimiento perfecto, en la palabra escrita de Dios, al mismo tiempo que en la sagrada Tradición, y con ella se robustece firmemente y se rejuvenece de continuo, investigando a la luz de la fe toda la verdad contenida en el misterio de Cristo» (n. 24).

2. El canon bíblico

Suele llamarse *canon* a un **patrón o norma** por los que se juzga correcto un pensamiento o doctrina. En arte y literatura existen obras a las que artistas de la antigüedad atribuían categoría de cánones o modelos.

2.1. Definición

El *canon* cristiano de la Sagrada Escritura es el **conjunto de libros** que la Iglesia considera oficialmente como **base de su doctrina** y sus costumbres, por el hecho de estar **inspirados por Dios**. La canonicidad implica la inspiración (don del Espíritu Santo). El elenco completo de escritos que la Tradición Apostólica ha hecho discernir a la Iglesia como sagrados son un total de 73 (46 escritos del Antiguo Testamentos y 27 del Nuevo Testamento).

2.2. Formación del canon

La inclusión de un libro en el canon **no supone** necesariamente su **autenticidad literaria** por parte del que aparece como autor de la obra.

El canon cristiano del Antiguo Testamento contiene libros (Tobías, Judit, Macabeos, Sabiduría, Eclesiástico, Baruc y algunas secciones de Daniel) que no aparecen en el canon judío. Estos libros son llamados *deuterocanónicos* y fueron aceptados oficialmente como inspirados y normativos por el Concilio de Trento en 1546.

El canon de los escritos del Nuevo Testamento se formó gradualmente mediante un **proceso de separación** de libros procedentes de un cuerpo más numeroso y amplio de obras cristianas muy antiguas. El canon se ordena a identificar y delimitar para los creyentes una serie de libros recibidos y leídos en la Iglesia como **Palabra de Dios**. La Iglesia hubo de desempeñar en este proceso un papel decisivo e insustituible. Hacia el año 300 el canon neotestamentario adquiere la configuración que tiene hoy.

2.3. Criterios de canonicidad

El criterio que influyó en mayor medida para la formación del canon bíblico cristiano fue el **reconocimiento** en los libros de:

- una recta **regla de fe**
- una clara **apostolicidad**
- un uso habitual en el **culto**

Durante los últimos decenios, la teología se ha planteado la cuestión del «canon en el canon», que se refiere al hecho de que algunos libros de la Biblia tienen más importancia que otros. La constitución *Dei Verbum* dice al respecto que «a nadie se le escapa que entre todas las Escrituras, incluso del Nuevo Testamento, sobresalen con razón los **Evangelios**, dado que contienen el testimonio más importante de la vida y doctrina del Verbo encarnado, nuestro Salvador» (n. 18)

3.1. Definición

La inspiración de la Sagrada Escritura es un **carisma o don del Espíritu Santo**, que actúa en los escritores de los libros sagrados, y se refleja en la veracidad. El misterio de la inspiración radica por tanto en la presencia y en la acción del Espíritu divino, que llena la historia de la Revelación judeo-cristiana, y es el factor de inspiración bíblica propiamente dicha.

El Concilio Vaticano II enseña: «Las verdades reveladas por Dios, que se contienen y manifiestan en la Sagrada Escritura, se consignaron por inspiración del Espíritu Santo. La Iglesia, según la fe apostólica, tiene por santos y canónicos los libros enteros del Antiguo Testamento y del Nuevo con todas sus partes, porque escritos bajo la inspiración del Espíritu Santo, tienen a **Dios como autor** y como tales se le han entregado a la misma Iglesia» (*Dei Verbum*, 11).

3.2. Base escriturística de la inspiración

El hecho de la inspiración de la Sagrada Escritura se halla claramente formulado en **dos lugares** del Nuevo Testamento.

- La **Epístola segunda de San Pedro** exhorta a tener en cuenta que «ninguna profecía de la Escritura es objeto de interpretación personal, ya que nunca ha sido proferida por voluntad humana, sino que movidos por el Espíritu Santo hablaron aquellos hombres de parte de Dios» (1 Pt, 1,16-21).

- En la **Segunda Carta a Timoteo**, San Pablo exhorta a Timoteo a permanecer firme en lo que ha aprendido mediante las Letras Sagradas, y fundamenta su exhortación en el hecho de que «toda Escritura está divinamente inspirada» (2 Tim 3,17). La Biblia despliega su eficacia en la vida del creyente, porque se halla inspirada por Dios.

3.3. Características de la inspiración

- **Utiliza el lenguaje humano normal**. El tema de la inspiración de la Escritura se plantea por el hecho de que la Revelación divina no trae su propio lenguaje y Dios utiliza en ella las formas de la comunicación humana.

- **Tiene garantía de veracidad**. La doctrina y vida salvadoras que Dios desea transmitir exigen por coherencia una garantía de veracidad en los escritos que de hecho las trasmiten.

- **Los escritores son verdaderos autores**. Que los escritores de los libros sagrados hayan sido inspirados por Dios con el fin de asegurar la verdad y santidad de lo que han escrito, no significa que fueran meros autómatas movidos artificialmente por la fuerza divina, o que escribieran, al dictado del Espíritu Santo. Los hagiógrafos eran hombres normales y verdaderos autores de las obras inspiradas, en cuya composición usaron sus propias facultades y medios.

  El Concilio Vaticano II insiste en que el escritor no es un simple ejecutor pasivo en las manos divinas, sino un hombre elegido que escribe como verdadero autor del texto. El hagiógrafo es la persona que estudia, reflexiona y comunica con su obra escrita la experiencia (hechos, contenidos doctrinales, iluminaciones interiores, etc.) de la que ha sido protagonista, y los acontecimientos que ha conocido por sí mismo o por otros.

- **Los escritores son libres e inteligentes**. Como ocurre con todos los instrumentos, debían emplear su propia capacidad para llevar a cabo el trabajo propuesto.

  La Constitución *Dei Verbum* usa también la idea de autor, aplicada a Dios, con el fin de expresar la actividad divina trascendente en relación con la Palabra escrita, y la coordina con la actividad humana del escritor sagrado, al que la inspiración impulsa y envuelve sin privarle de iniciativa y libertad.

  El Concilio se apoya de este modo en la categoría de **instrumentalidad** aplicada a los hagiógrafos, pero no los llama instrumentos, sino «verdaderos autores» (n. 11). Conecta así con una idea de la encíclica *Divino Afflante Spiritu* (1943), para afirmar que la inspiración no elimina ni sustituye la plena, libre y consciente actividad del autor humano.

- **Dios es la causa principal y el escritor sagrado es la causa instrumental**. Igual que decimos que una talla de madera procede por entero de los instrumentos utilizados por el artista y procede también por entero del artista mismo, podemos decir que la Biblia ha sido escrita enteramente por el hagiógrafo, y enteramente por Dios. Son dos causas inteligentes que actúan en planos diferentes.

- **Encontrar el verdadero sentido**. Este hecho encierra consecuencias importantes para la interpretación de los libros inspirados, que manifiestan la personalidad y el estilo de cada autor, así como las circunstancias en que se escribieron.

  Dice **San Atanasio de Alejandría** en un *Comentario a la Carta a los Hebreos*: «Como debe hacerse en todos los pasajes de la Escritura, también aquí debe buscarse la ocasión en la que habló el autor, y determinar con cuidado la persona y el asunto que le movieron a escribir, no sea que, al ignorar estos datos, se pierda el verdadero sentido del texto».

El intérprete de la Biblia debe esforzarse en averiguar el carácter y modo de vida del escritor sagrado, la edad en que vivió, las fuentes orales o escritas que empleó, y su estilo característico, como vías para determinar y definir con precisión lo que el escritor pretendió decir.

3.4. Otros aspectos de la inspiración

La teología de la inspiración trata de clarificar algunas cuestiones, que se refieren principalmente a las vinculaciones del carisma de la inspiración, a sus dimensiones comunitarias, y a la extensión de este carisma:

- **Dimensión comunitaria de la inspiración**. Se suele afirmar, en primer término, que el carisma de la inspiración se articula de manera orgánica dentro del conjunto de los carismas relativos al anuncio y custodia de la Palabra de Dios. La dimensión comunitaria de la inspiración se basa en el hecho de que Israel es un pueblo profético y de que existe una **interacción entre la comunidad y el escritor** inspirado.

  Sin duda el autor debe a la comunidad en la que nace y vive, su lengua, su formación (también literaria), la cultura que le alimenta. La comunidad se enriquece, habla y hace viva su fe a través del escritor.

- **La extensión de la inspiración**. Se plantea cuando son diversos los escritores que han intervenido en la redacción de un libro sagrado. La opinión más común es favorable a extender la inspiración a **todos los autores** que han participado en la formación del libro a lo largo de las etapas de composición, cuando la obra no ha sido compuesta de una sola vez.

- En último término, la inspiración de la Sagrada Escritura debe comprenderse dentro de la realidad más amplia que es el hecho mismo de la Revelación, lo cual supone **la centralidad de Cristo**. Él es el verdadero libro inspirado para comunicar la salvación. Toda la Escritura se resume en un solo libro, y este libro es Cristo.

4. La exégesis

La interpretación o exégesis de la Sagrada Escritura es una tarea ineludible, que se confía especialmente a los teólogos y exégetas, y que interesa muy directamente a toda la Iglesia. Esta interpretación está presente de diversos modos en la explicación científica de la doctrina cristiana, en la predicación homilética, en la catequesis, en la devoción de los fieles, etc.

La exégesis trata de establecer un **buen texto**, libre de posibles corrupciones, determinar lo mejor posible el **sentido** preciso de las palabras que contiene, y conseguir una adecuada **interpretación** del conjunto, teniendo en cuenta la intención del autor, el valor objetivo del propio texto, y las circunstancias históricas de quien lo lee.

La actividad de los exégetas se apoya en las **ciencias bíblicas**, que existen desde tiempos muy antiguos, y que en los últimos decenios han experimentado considerables progresos. Estas ciencias son principalmente la geografía, etnología y arqueología bíblicas, así como la historia, lingüística y literatura antiguas.

> El término *hermenéutica* se usa en el cristianismo desde el siglo VII para referirse al arte de interpretar la Biblia. En el siglo XVIII –especialmente con F. Schleiermacher (1768-1834)–, tiempo de la Ilustración, la hermenéutica deja de ser una disciplina sagrada, vinculada exclusivamente a la Biblia, y se convierte en una ciencia autónoma. Su objeto ya no es hacer hablar a la Sagrada Escritura, sino plantear y dilucidar un conjunto de problemas filosóficos. Es el arte de comprender los textos antiguos, prescindiendo metodológicamente de toda precomprensión religiosa.

5. Desarrollo histórico de la exégesis

5.1. Exégesis judía y en el Nuevo Testamento

- La tarea de entender los textos de la Biblia es una preocupación antigua e inseparable de su lectura. La **exégesis judía** conoció un extraordinario desarrollo y una gran variedad de formas y métodos de interpretación.

> Entre estas formas exegéticas sobresalen los *targumim*, el *derash*, y los *midrashim*.

- La **predicación de Jesús** refleja la preocupación de hacerse entender y adaptarse a los oyentes, acompañando el anuncio evangélico con una interpretación adecuada, comentarios y modos didácticos (parábolas).

- Los **autores sagrados** escriben para diferentes tipos de personas y son conscientes de que los destinatarios tienen unos esquemas culturales previos.

> San Mateo, por ejemplo, escribe para judíos y presenta a Jesús como el nuevo Moisés. San Pablo anuncia la buena nueva a griegos, y su mensaje se apoya en el sentido religioso del ser humano. La *Carta a los hebreos* se dirige a los judíos de formación

helenística, y se refiere a aspectos cultuales que podrían captar mejor los hebreos de la diáspora.

5.2. La hermenéutica patrística

Los Padres representan momentos decisivos para la historia de la exégesis bíblica. Se cuentan principalmente entre ellos la obra de **Orígenes** (185-254), cuyo núcleo es la teoría sobre los sentidos de la Sagrada Escritura; las reglas exegéticas de **Ticonio** (+400); el libro *De Doctrina christiana*, de **San Agustín**, (354-430); y la gran contribución de **San Jerónimo** (345-419). Un principio fundamental de la exégesis patrística es que la Escritura ha de ser leída e interpretada en el espíritu en el que ha sido escrita.

5.3. La exégesis medieval

Se centra en desarrollar la doctrina sobre los diversos **sentidos de la Escritura**. Los medievales elaboran con cierta precisión la teoría, que perdura hasta hoy, sobre los sentidos literal-histórico, alegórico, anagógico, y moral de la Biblia.

5.4. Renacimiento

La exégesis en el Renacimiento tiende a hacerse más **individualista**. La Reforma introduce lo que puede llamarse «aporía hermenéutica», que supone una tensión, a veces inconciliable, entre el factor subjetivo de la comprensión del texto sagrado y el aspecto objetivo. Con Lutero se sigue el principio de *sola Scriptura* («la Escritura sola») por el que se rechaza toda mediación (magisterial y tradicional) para interpretar los textos sagrados.

5.5. A partir de la Ilustración

- La teoría hermenéutica universal propuesta por **F. Schleiermacher** (1768-1834) no apunta principal o directamente a entender el texto sino a comprender **el yo del autor**. No se ocupa de lo que el autor dijo, sino del autor mismo.

- También **R. Bultmann** (1884-1976) desarrolla una exégesis que busca el «sentido original». Plantea así una hermenéutica existencial y desmitologizadora, que declara mitológico todo lo que en la Biblia no se pueda interpretar como referido a la existencia humana.

- **H. Gadamer** proclama, como premisa hermenéutica, la distancia entre el autor del texto y el lector de cada época. Esta distancia es un fenómeno positivo que permite enriquecer el sentido del texto, y encontrarle a éste nuevas resonancias. Aunque Gadamer tiende a exagerar el papel del lector del texto, y excluye también una verdad radicada en certezas fundadas y razonables, sus principios hermenéuticos han devuelto importancia a la tradición.

6. Tareas y principios de una correcta hermenéutica bíblica

La hermenéutica bíblica se ocupa, como hemos visto, de la comprensión de los textos de la Escritura. Tiene que evitar dos extremos. Un extremo sería pretender una interpretación abstracta e intemporal de los contenidos; el otro extremo sería un interpretación meramente existencial y subjetiva del texto sin valor universal. Los dos extremos anularían el verdadero sentido de la Sagrada Escritura. Se pueden distinguir varias tareas:

6.1. Tareas de la hermenéutica bíblica

- **Comprender el texto**

La primera operación trata de captar el valor objetivo de lo que se lee. Lo cual exige entender el asunto del texto, las palabras que contiene, y la intención del autor. Hace falta, por tanto, una **lectura histórico-crítica**, que utilice las informaciones que permitan reconstruir el ambiente y el proceso en el cual ha nacido el texto.

- **Precisar la interpretación del texto comprendido**

En la segunda operación, el lector o intérprete se tiene en cuenta a sí mismo, sus propias preguntas, el marco vital y comunitario en el que actúa. Es como medir el pasado a la luz del presente, con el fin de «apropiarse el texto».

- **Aplicar el texto a la situación propia**

La tercera operación exegética conjuga la objetividad del texto y la subjetividad de la precomprensión personal del lector, con el fin de establecer el significado que el texto encierra **aquí y ahora** para nosotros, puesto que el texto bíblico contiene una llamada existencial dirigida al lector.

- ### No debe atribuirse primacía a los destinatarios originales

Como el autor principal es Dios, los destinatarios del texto no se reducen a las personas de la época del texto, sino que Dios habla a todos. Las cartas de San Pablo se dirigen tanto a romanos, corintios, etc. como a nosotros.

- ### El sentido de un texto desborda al autor

El sentido del texto no se limita a los propósitos expresos del hagiógrafo al escribirlo, ni a todo lo que conscientemente ha querido decir. El texto dice más que lo que quiso decir el escritor: esto sólo es posible porque Dios es el autor principal. Por tanto, la *intentio operis* (intención del texto) supera, aunque no anula, la *intentio auctoris* (intención del autor). El texto tiene una vitalidad propia, y se dirige –como todo texto canónico– a las personas de todos los tiempos y de todos los lugares.

- ### No se debe prescindir de la intención del autor

La importancia que se atribuye a la *intentio operis* (texto) nunca puede significar la «muerte del autor». La intención del autor y lo que pretendió decir al escribir el texto no se debe olvidar ni desnaturalizar. Es un principio que recuerda expresamente la constitución *Dei Verbum* cuando dice que «el intérprete de la Sagrada Escritura... ha de examinar atentamente lo que los hagiógrafos han deseado verdaderamente comunicar, y Dios ha querido manifestar a través de sus palabras» (n. 12).

7. La crítica textual

7.1. Qué es la crítica textual

Una de las tareas más importantes de los exégetas es conseguir un **buen texto** que se aproxime lo más posible al **original**, dado que ningún códice de los que conservamos reproduce con absoluta fidelidad el texto exacto de la Biblia.

La crítica textual es a la vez una ciencia y un arte, porque logra un conocimiento objetivo y depende también del ingenio de los críticos individuales. Éstos consideran que cualquier documento disponible –papiros, códices, etc.– tiene importancia para su trabajo de reconstrucción textual. El examen de todos los documentos permite, en efecto, lograr un texto que mejore el de cualquier manuscrito considerado aisladamente.

7.2. Principios básicos de crítica textual

- Principios externos

    - es preferible la lectura apoyada por los mejores y más variados códices, dada su procedencia, calidad, etc.;

    - ha de elegirse el texto menos coincidente con la versión griega de los LXX (Biblia septuaginta, la traducción griega más antigua de la Biblia), porque podría haber existido una armonización indebida;

    - entre varias lecturas diferentes debe tenerse en cuenta su mutua relación, porque una vez efectuada una corrección en el texto, el copista podría haber olvidado hacer los cambios exigidos (concordancias de sujeto y verbo, etc.).

- Principios internos

    - la lectura más difícil es la más segura;

    - es preferible la lectura más breve;

    - es mejor la lectura que explica la presencia de las demás posibles lecturas.

8. Géneros literarios y sentidos de la Sagrada Escritura

La interpretación de la Biblia debe tener muy en cuenta el **género literario** de cada uno de los libros sagrados, porque el alcance y sentido de unas expresiones o de unas palabras puede no ser el mismo, por ejemplo, en un libro histórico que en un libro profético. Hay afirmaciones que en unos lugares tienen un significado literal, mientras que en otros deben ser interpretadas simbólicamente.

Los exégetas deben por tanto conocer si el texto que estudian es una crónica, un himno, una elegía, una parábola, una narración popular, un discurso sapiencial, etc. Así estarán en condiciones de determinar su **sentido preciso** y lo que ha pretendido el autor sagrado al escribirlo.

Muy unida a la cuestión de los géneros literarios se encuentra la de los diversos **sentidos** de la Sagrada Escritura.

8.1. Sentido literal o histórico

Es el sentido más importante de la Sagrada Escritura. Deriva de la significación normal de las palabras usadas por el escritor sagrado. El sentido literal expresa **la intención directa del autor** humano de la Escritura y no excluye los sentidos derivados que sus palabras puedan tener en el conjunto de la Biblia.

> Los acontecimientos narrados, por ejemplo, en el libro del Exodo Exodo es decir, la salida de Egipto, el paso del mar Rojo, la travesía del Sinaí, etc. tienen un sentido literal: son hechos que los hebreos vivieron. Este sentido literal e histórico no impide buscar en esos sucesos un sentido espiritual más profundo.

8.2. Sentido pleno o espiritual

En este sentido de la Sagrada Escritura está presente la idea de que **el Nuevo Testamento significa la plenitud del Antiguo** y de que este hecho se manifiesta en acciones, personas y palabras determinadas. Se trata de un sentido más **profundo** que el literal, pero no buscado deliberadamente por el autor sagrado. Es una significación que sólo se descubre cuando las palabras de la Escritura son estudiadas a la luz de la Revelación posterior y de un mejor entendimiento de toda la Biblia en su conjunto.

El sentido pleno se podría considerar, en definitiva, como otro modo de designar el **sentido espiritual** de un texto bíblico, cuando el sentido espiritual se distingue claramente del literal.

> El frecuente uso teológico de Gn 3,15 («enemistad pondré entre ti y la mujer, y entre tu linaje y el suyo, y él te pisará la cabeza») en relación con la participación de María en la victoria de Jesús sobre el mal, es un ejemplo de reconocer un sentido pleno en el texto. Es una interpretación que supera el alcance literal.

8.3. Sentido figurado o típico

Se percibe a veces que en la Biblia las personas, cosas o acontecimientos que aparecen literalmente en el texto sugieren, junto a la significación propia, una significación figurada o típica.

La palabra *tipo* significa aquí **figura, imagen o anticipación de una realidad futura (persona, objeto, lugar, institución)**.

La idea central es que **el Antiguo Testamento se cumple en Jesús**. Las profecías y figuras antiguas se cumplen en los diversos acontecimientos de la vida de Jesús de Nazaret.

> Así, por ejemplo, el cordero pascual del Antiguo Testamento es *tipo* de alguien que vendría después, es decir, Jesús, que es el verdadero Cordero de Dios. El paso del mar Rojo significa la manifestación por excelencia del deseo y fuerza salvadores de Dios. Gracias a este suceso, el pueblo judío consiguió la libertad, y de manera semejante

se salva el cristiano en el Bautismo. Las aguas del mar Rojo adquieren así un valor típico, y representan las aguas del Bautismo sacramental, que producen la salvación del hombre.

9. Los métodos histórico-críticos

Los exégetas vienen usando desde hace tiempo diversos modos interpretativos que se suelen denominar histórico-criticos. Entre estos métodos podemos destacar los siguientes:

9.1. La crítica de las fuentes

Se desarrolló a lo largo del siglo XIX. Se trataba de **buscar las fuentes** (documentales) para la elaboración de las formas definitivas de los textos bíblicos. Entre sus aportaciones principales a la ciencia bíblica figura la demostración de la prioridad cronológica del *Evangelio de San Marcos*, la identificación de una fuente de dichos de Jesús, y la utilización de esta fuente en la redacción de los otros evangelios sinópticos.

9.2. La historia de las formas

Data de los primeros decenios del siglo XX. Responde a la siguiente cuestión: ¿es posible llegar, más allá de los documentos escritos, al período que media entre los hechos narrados y su primera redacción, cuando la tradición de las palabras y obras de Jesús circulaba en arameo?

Este método trata, por tanto, de investigar y analizar el origen y la historia pre-literaria de la **tradición oral que sirve de base a los evangelios**. Su premisa más importante es que los evangelios se componen de unidades menores que circularon separadamente en las comunidades cristianas antes de que aquellos fueran redactados.

La historia de las formas ha detectado en el Nuevo Testamento himnos, formas litúrgicas y profesiones de fe, cuyo origen está en el culto practicado por las primeras comunidades de discípulos. Ha podido determinar también en numerosas ocasiones cuáles fueron los motivos y situaciones que llevaron a la redacción y difusión de determinados episodios de la vida del Señor.

El llamado método redaccional surge en parte como reacción contra desaciertos y excesos del método anterior y especialmente contra la idea, sostenida por algunos, de que los evangelistas sinópticos no fueron verdaderos autores, sino meros compiladores de unos materiales preexistentes. Los defensores de este método tratan de demostrar que los **evangelistas** no eran ni compiladores ni cronistas corrientes, sino **verdaderos teólogos** que han impreso su sello propio a los evangelios que escribieron.

Si la historia de las formas estudia los distintos géneros literarios de la Biblia y las normas relacionadas con ellos, la historia de la redacción estudia cómo se utilizaron esas unidades literarias para hacerlas servir a la intención del autor. Se piensa que el exégeta no debe contentarse con clasificar un relato según su forma. Debe además dar un segundo paso y preguntarse por qué se ha incluido en un lugar determinado del evangelio y qué sentido le atribuye el evangelista.

El Magisterio se ha referido en diversas ocasiones al **uso de estos métodos** por parte de los exégetas. Tienen un valor innegable y responden además, al carácter histórico de la Revelación divina. Pero al usarlos deben evitarse los **prejuicios teológicos** y las limitaciones que algunos de ellos podrían tener en sus comienzos. Hay defensores de estos métodos que parecen prescindir de la intervención de un Dios personal en la historia, de la divinidad de Jesús; o niegan toda conexión entre fe y verdad histórica; o atribuyen a la primitiva comunidad cristiana un papel creador que no tuvo. Estas posibles deformaciones de fondo viciarían el trabajo exegético y anularían su eficacia.

10. Sagrada Escritura, Iglesia y teología

Si la Biblia no se leyera e interpretara **en el seno de la Iglesia** podría convertirse en un libro sellado y apenas inteligible, porque los textos no se bastan a sí mismos para dar a conocer todo su sentido. Los libros sagrados presentan en efecto cierta oscuridad, derivada de los altos misterios que contienen, y también del lenguaje, en ocasiones simbólico, que no resulta transparente para el lector.

- Los Padres de la Iglesia advirtieron pronto que la Sagrada Escritura debía ser leída y entendida en el seno de la comunidad eclesial, y que solamente así entregaba su recto significado.

- El Concilio Vaticano II enseña que la interpretación bíblica «queda sometida al juicio definitivo de la Iglesia, que recibió de Dios el encargo y el oficio de conservar e interpretar la palabra de Dios» (Constitución *Dei Verbum*, 12)

El vínculo que la teología establece entre la interpretación de la Biblia y la autoridad de la Iglesia deriva de la convicción de que Cristo estableció unos medios públicos eclesiales para asegurar la trasmisión, protección y explicación íntegras de la Revelación divina. Esta convicción se ha mantenido activa a lo largo de toda la historia de la Iglesia, que vive y ha vivido siempre de la Palabra de Dios.

El trabajo exegético es así una **tarea teológica y eclesial**. Se apoya en el estudio y en la investigación, pero no es una tarea profana. No se puede leer e interpretar al profeta Isaías o a San Pablo como se interpreta a Homero o a Virgilio. La exégesis de la Sagrada Escritura no consiste simplemente en explicar unos textos antiguos venerables, en investigar su forma literaria o en buscar sus versiones originales. El primer deber del exégeta es presentar al pueblo cristiano el mensaje de la Revelación y exponer el significado de la Palabra de Dios, tanto en sí misma como en su influjo salvador para todos los hombres. La exégesis debe hacerse, por tanto, más teológica, más espiritual, y más ecuménica.

Todo el que escudriñe la Palabra de Dios escrita debe saberse a la vez escudriñado por ella, y abordar su trabajo con una actitud de humilde disponibilidad y fidelidad. «Para escuchar y entender las escrituras –dice San Atanasio de Alejandría en *Sobre la Encarnación*, 57– es necesario llevar una vida limpia y tener un alma pura, así como practicar la virtud según Jesucristo».

La constitución *Dei Verbum* se refiere a la necesidad de que los exégetas tengan en cuenta la **analogía de la fe**. Esta expresión deriva de Romanos 12, 6 y alude a la armonía y conexión que existe entre todas las afirmaciones de la fe católica.

El exégeta ha de ser por tanto un teólogo, que ponga de relieve **el sentido teológico** de los textos bíblicos y muestre su relación con todo lo que explican en nombre de la Iglesia los profesores de dogma y de moral. Se facilita así una búsqueda común en las grandes cuestiones de fondo que tienen planteadas la Iglesia y la humanidad.

Ejercicio 1. Vocabulario

Identifica el significado de las siguientes palabras y expresiones usadas:

- fuentes de la Teología
- inspiración
- canon bíblico
- regla de fe
- canon en el canon
- escritos deuterocanónicos
- carisma
- hagiógrafo
- causa instrumental
- exégesis
- etnología
- hermenéutica
- *targumim*

- *sola Scriptura*
- sentidos de la Escritura
- ilustración
- lectura histórico-crítica
- *intentio operis /intentio auctoris*
- crítica textual
- versión griega de los LXX
- géneros literarios
- discurso sapiencial
- sentido espiritual de la Escritura
- sentido típico
- historia de la formas
- historia de la redacción

Ejercicio 2. Guía de estudio

Contesta a las siguientes preguntas:

1. ¿Qué es el *canon* cristiano de la Sagrada Escritura? ¿Cuándo se fijó?

2. ¿Podría aparecer ahora un texto nuevo de San Pedro (suponiendo que se pudiera comprobar totalmente su autenticidad)? ¿Se incluiría en el canon?

3. ¿Qué es la inspiración de la Sagrada Escritura? Señala dos textos del Nuevo Testamento donde se habla explícitamente de la inspiración.

4. A veces se representa a un autor sagrado que escribe bajo la influencia de una visión mística. ¿La inspiración es un modo místico de escribir de los autores sagrados? Discute este tema.

5. Señala tres principios para una correcta hermenéutica bíblica.

6. ¿Cuáles son los principales *sentidos* de la Escritura?

7. ¿Cómo es posible que un texto diga más que lo que quiso decir el autor que lo escribió? ¿Cómo es posible que un texto de hace siglos esté escrito para mí?

8. ¿En qué consiste el método de La historia de las formas? ¿Es válido?

9. ¿Se puede hacer un estudio filológico de la Biblia igual que de La Odisea de Homero? Justifica la respuesta.

Ejercicio 3. Comentario de texto

Lee los siguientes textos y haz un comentario personal utilizando los contenidos aprendidos:

Los avances de la investigación histórico-crítica llevaron a distinciones cada vez más sutiles entre los diversos estratos de la tradición. Detrás de éstos la figura de Jesús, en la que se basa la fe, era cada vez más nebulosa, iba perdiendo su perfil. Al mismo tiempo, las reconstrucciones de este Jesús, que había que buscar a partir de las tradiciones de los evangelistas y sus fuentes, se hicieron cada vez más contrastantes: desde el revolucionario antirromano que luchaba por derrocar a los poderes establecidos y, naturalmente, fracasa, hasta el moralista benigno que todo lo aprueba y que, incomprensiblemente, termina por causar su propia ruina. Quien lee una tras otra algunas de estas reconstrucciones puede comprobar enseguida que son más una fotografía de sus autores y de sus propios ideales que un poner al descubierto un icono que se había desdibujado. Por eso ha ido aumentando entretanto la desconfianza ante estas imágenes de Jesús; pero también la figura misma de Jesús se ha alejado todavía más de nosotros.

BENEDICTO XVI - J. RATZINGER,
Jesús de Nazaret, I (Prólogo).

* * *

Las verdades reveladas por Dios, que se contienen y manifiestan en la Sagrada Escritura, se consignaron por inspiración del Espíritu Santo. La santa Madre Iglesia, según la fe apostólica, tiene por santos y canónicos los libros enteros del Antiguo y Nuevo Testamento con todas sus partes, porque, escritos bajo la inspiración del Espíritu Santo, tienen a Dios como autor y como tales se le han entregado a la misma Iglesia. Pero en la redacción de los libros sagrados, Dios eligió a hombres, que utilizó usando de sus propias facultades y medios, de forma que obrando Él en ellos y por ellos, escribieron, como verdaderos autores, todo y sólo lo que Él quería.

Pues, como todo lo que los autores inspirados o hagiógrafos afirman, debe tenerse como afirmado por el Espíritu Santo, hay que confesar que los libros de la Escritura enseñan firmemente, con fidelidad y sin error, la verdad que Dios quiso consignar en las sagradas letras para nuestra salvación. Así, pues, «toda la Escritura es divinamente inspirada y útil para enseñar, para argüir, para corregir, para educar en la justicia, a fin de que el hombre de Dios sea perfecto y equipado para toda obra buena» (2 Tim., 3,16-17).

Concilio Vaticano II,
Dei Vebum, 11.

*   *   *

Los cristianos, por tanto, leen el Antiguo Testamento a la luz de Cristo muerto y resucitado. Esta lectura tipológica manifiesta el contenido inagotable del Antiguo Testamento. Ella no debe hacer olvidar que el Antiguo Testamento conserva su valor propio de revelación que nuestro Señor mismo reafirmó (cf. *Mc* 12,29-31). Por otra parte, el Nuevo Testamento exige ser leído también a la luz del Antiguo. La catequesis cristiana primitiva recurrirá constantemente a él (cf. 1 Co 5,6-8; 10,1-11). Según un viejo adagio, el Nuevo Testamento está escondido en el Antiguo, mientras que el Antiguo se hace manifiesto en el Nuevo: Novum in Vetere latet et in Novo Vetus patet (San Agustín, *Quaestiones in Heptateuchum* 2,73; cf. DV 16).

Catecismo de la Iglesia Católica, n. 129.

TEMA 7

LA TRADICIÓN

La Revelación y la salvación están destinadas a todas las personas de todos los tiempos y lugares. Para que ese designio divino pudiera realizarse, los apóstoles transmitieron lo que ellos habían recibido de Cristo y del Espíritu Santo. La Tradición es la transmisión oral y viva de la verdad revelada que tiene su inicio de los apóstoles.

SUMARIO

1. La tradición en la cultura. 1.1. Definición y características; 1.2. Rechazo y rehabilitación de la tradición • **2. La Tradición cristiana.** 2.1. Definición de Tradición cristiana; 2.2. El papel teológico de la Tradición cristiana • **3. Tradición y regla de fe.** 3.1. Conservación y transmisión de la predicación apostólica; 3.2. Aspecto normativo e interpretativo de la Tradición; 3.3. La Tradición es una transmisión viva; 3.4. La Tradición y las tradiciones • **4. Tradición y Escritura** • **5. Los testigos de la Tradición.** 5.1. Los Padres de la Iglesia; 5.2. La Sagrada Liturgia; 5.3. El sentido cristiano de la fe (*sensus fidelium*); 5.4. El consenso teológico.

El ser humano es un ser de tradición. Recibe tradiciones y las trasmite. Origina unas tradiciones y elimina otras. La tradición es un **elemento constitutivo** de la cultura humana. El hecho de la tradición se fundamenta en la necesidad de organizar experiencias, conocimientos y modos de hacer que permanezcan y se acumulen para otros. Todas las comunidades humanas crean tradiciones, y éstas, a su vez, condicionan y determinan la mentalidad y el comportamiento de las comunidades que las crean.

1.1. Definición y características

La tradición es la capacidad de los grupos humanos de **trasmitir la cultura** creada por el conjunto de individuos que los componen, de multiplicarla, enriquecerla y conservarla.

- **Ligada al lenguaje.** Las tradiciones trasmiten costumbres, habilidades y técnicas, ritos, normas, relatos y doctrinas. Se hallan muy ligadas al lenguaje, que es el medio más importante de trasmisión. El mismo lenguaje es ya un aspecto de la tradición.

- **Crea funciones y oficios públicos**. Para trasmitir las tradiciones, las sociedades suelen crear funciones u oficios públicos, como sacerdotes, jueces, maestros; e instituciones como el culto, el derecho, la escuela, el teatro, etc.

- **Permite el desarrollo**. La tradición fomenta y hace posible el desarrollo de la personalidad individual. El individuo no parte de cero. Se apoya en las experiencias de la sociedad, que convierte en sus propias experiencias. Al mismo tiempo debe adoptar ante la tradición una actitud libre e inteligente, normalmente respetuosa y en algunos casos crítica.

- **Da sentido de identidad**. La tradición es memoria y capacidad de conservar el pasado, y proporciona a los hombres que viven en ella y de ella un sentido de identidad. El individuo se nutre de la tradición común y a través de ésta puede conectar con su propia historia.

1.2. Rechazo y rehabilitación de la tradición

- **En la Reforma protestante**. La cultura y el pensamiento occidentales han sometido la idea de tradición a una severa **crítica**, a partir del siglo XVI. Las causas de este fenómeno son tanto religiosas como filosóficas. La Reforma protestante tiende a rechazar la tradición por motivos de **pureza**

evangélica: nada debe interponerse entre la Biblia y el cristiano, y cualquier presupuesto doctrinal (tradicional o magisterial) ha de tenerse por ilegítimo.

• **En la Filosofía racionalista**. Este impulso contrario a la tradición se verá pronto reforzado en el clima intelectual europeo por la filosofía racionalista del siglo XVII. Una premisa central de estas corrientes filosóficas es que la verdad ha de apoyarse exclusivamente en la coherencia del pensamiento mismo, sin necesidad de más fundamento «extrasubjetivo».

• **En la Ilustración**. La Ilustración del siglo XVIII insiste en la afirmación cartesiana de que un uso metódico y disciplinado de la razón basta para proteger al hombre de cualquier error. La autoridad y la tradición impiden el uso de la propia razón. La razón es la única que posee el privilegio de alcanzar la verdad, mientras que la tradición supone una imposición y unos límites que el hombre ilustrado no debe tolerar.

• **Siglo XX**. Se asiste a una **recuperación** filosófica significativa de la idea de tradición. Tiene como precedente cultural más importante la nueva comprensión del tema por parte de los pensadores románticos del siglo XIX y comienzos del XX (J.G. Herder, F. Schlegel, Novalis, etc.). La crítica de estos autores a la Ilustración comporta una **rehabilitación** importante de la tradición. La tradición es reconocida, en efecto, como precedente histórico insustituible y como **condición de comprensión**. La razón no puede actuar en el vacío: necesita una bases y unos presupuestos que toma en buena medida de la tradición.

2. La Tradición cristiana

La tradición cristiana presenta algunos aspectos propios y esencialmente distintos respecto al fenómeno cultural humano. Esta tradición se fundamenta en Dios, que se ha revelado en Israel y en Jesucristo de una vez por todas, para la salvación de los hombres.

2.1. Definición de Tradición cristiana

Podríamos definir la Tradición como el conjunto de contenidos doctrinales y espirituales que proceden directamente de Jesús y de los Apóstoles, se reflejan en la Escritura, y se conservan y desarrollan históricamente en el seno de la Iglesia.

La tradición cristiana **arranca de Jesús**, que anuncia la Ley y los profetas de Israel como normativos, a la vez que los interpreta y se distancia de ellos cuando es necesario, apelándose a la voluntad de Dios y a su propia palabra. El **testimonio de los Apóstoles** sobre Jesús (quién es, lo que hizo y sobre todo el testimonio de su Resurrección, y su doctrina) se convierte en nuevo fundamento de la tradición cristiana.

2.2. El papel teológico de la Tradición cristiana

- **Primeros siglos**. Cuando la Iglesia hubo de mantener en los siglos II y III su gran confrontación con las nuevas ideas de los gnósticos, los Padres ortodoxos desarrollaron **el principio de la Tradición** como regla de verdad cristiana. Según este principio, debía considerarse verdadero todo y sólo lo que se trasmite en la Iglesia desde los Apóstoles.

  S. Ireneo de Lyon escribía en *Adversus Haereses*, 3: «Todo el que quiera ver la verdad puede encontrar en cada Iglesia la tradición que los Apóstoles predicaron en el mundo entero».

  Tertuliano dice en *De Praescriptione*, 21: «Toda doctrina que guarda conformidad con aquellas Iglesias apostólicas debe ser considerada como verdad, pues posee indudablemente lo que las Iglesias recibieron de los Apóstoles, éstos de Cristo, y Cristo de Dios».

- **Hasta el fin de la Edad Media**. Dominó la tendencia a tratar la Escritura como texto básico de la Revelación, y apoyarse en la tradición patrística para interpretar autoritativamente los libros sagrados. Pero algunos teólogos comenzaron a apuntar una idea de tradición como fuente independiente de verdad revelada, aparte de la Sagrada Escritura.

- **Siglo XVI**. Lutero invocó el principio de la *sola Scriptura* (Escritura sola) contra la Tradición de la Iglesia. El Concilio de Trento mantuvo la referencia a la Iglesia de los tiempos apostólicos y enseñó que era preciso rendir idéntico respeto a la Escritura y a la Tradición, como fuente única de toda verdad evangélica.

- **La teología del siglo XIX**. J.A. Möhler (1796-1838) y J.H. Newman (1801-1890), renuevan el concepto de tradición, y proponen la idea de una **tradición viva** que se desarrolla en la Iglesia. Esta idea permite superar las dificultades y aporías que se presentaban a la hora de conciliar la historicidad y el carácter inmutable del dogma, y afirmar simultáneamente ambas cosas. Se daba así un paso muy importante hacia la comprensión histórica del hecho cristiano.

- **La teología del siglo XX**. Diversos teólogos han contribuido a desarrollar la comprensión de la tradición cristiana y las relaciones entre Sagrada Escritura y Tradición, entendidos no como elementos separados, sino como testigos diversos y articulados entre sí de un único cuerpo de verdad divina revelada.

3. Tradición y regla de fe

3.1. Conservación y transmisión de la predicación apostólica

Enseña la constitución *Dei Verbum* del Concilio Vaticano II que «la predicación apostólica, recogida de un modo especial en los libros sagrados, se ha de conservar por trasmisión continua hasta el fin del tiempo... Lo que los Apóstoles trasmitieron comprende todo lo necesario para una vida santa y una fe creciente del Pueblo de Dios. Así la Iglesia, con su enseñanza, vida y culto, conserva y trasmite a todas las edades lo que es y lo que cree».

La acción del **Espíritu Santo** en la Iglesia es la garantía de esa **transmisión** fiel y del **crecimiento** en la comprensión de lo transmitido a lo largo de los siglos.

3.2. Aspecto normativo e interpretativo de la Tradición

- La Tradición tiene un **aspecto constitutivo o normativo**, porque contiene la Revelación, que termina con los Apóstoles. Junto con la Sagrada Escritura, sirve de norma e inspira toda la vida eclesial. La forma constitutiva de la Tradición es el testimonio de fe de los apóstoles y de sus comunidades «en la doctrina, la vida y el culto» (*Dei Verbum*, n. 8).

- La Tradición posee un segundo aspecto, que es el **interpretativo o explicativo**, porque desarrolla e ilumina las riquezas contenidas en el depósito revelado, sin añadir nada que sea esencial en ese depósito o que pueda llamarse realmente nuevo. Esta función explicativa respeta siempre el carácter acabado de la Revelación.

3.3. La Tradición es una transmisión viva

Al ser interpretada y desarrollada, la Tradición se conserva y se renueva al mismo tiempo, dado que nunca es una trasmisión mecánica sino **viva**.

Tradición y progreso no deben contraponerse porque todo progreso auténtico es desarrollo y vida, que sólo son posibles por las raíces que la Iglesia y su

Tradición hunden en el pasado. La Tradición une las generaciones cristianas unas con otras y representa la vida misma de la comunidad.

La Tradición de la Iglesia es siempre **pública**.

> No debemos pensar en ella como una trasmisión secreta de doctrinas susurradas al oído, de una generación a otra. La Iglesia de los primeros siglos protegió los misterios cristianos de posibles malentendidos y profanaciones, mediante una predicación y una catequesis oportuna y gradual, nunca oculta.

3.4. La Tradición y las tradiciones

No todas las tradiciones que existen en la Iglesia son igualmente vinculantes, es decir, no todas son tradiciones propiamente normativas. Sólo cuentan como Tradición vinculante las que se refieren a la **fe y moral**, y se remontan a los Apóstoles.

Existen «tradiciones» teológicas, disciplinares, litúrgicas y espirituales, que han nacido gradualmente en las iglesias locales, y constituyen formas o modos particulares «en las que la gran Tradición recibe expresiones adaptadas a los diversos lugares y a las diversas épocas. Sólo a la luz de la gran Tradición pueden ser mantenidas, modificadas o también abandonadas bajo la guía de la Iglesia» (*Catecismo de la Iglesia Católica*, n. 83).

> Los escritores cristianos mencionan, por ejemplo, como tradiciones determinados ritos del bautismo (triple inmersión, imposición de manos después de la ceremonia, etc.), algunos ritos de la Sagrada Eucaristía, algunas reglas para la elección y consagración de los obispos, la señal de la cruz, rezar de rodillas, el ayuno pascual, el culto de las imágenes, la cuaresma, la veneración de la cruz, la consagración de altares, diversas fiestas litúrgicas y ritos de su celebración, etc.

4. Tradición y Escritura

La relación entre Tradición y Sagrada Escritura se ha entendido a veces en tiempos pasados, anteriores al Concilio de Trento, como la relación de dos fuentes doctrinales, en las que estaría contenida la Revelación. La Sagrada Escritura contendría, según esta idea, parte de la Revelación, y el resto se encontraría en la Tradición.

El **Concilio de Trento** enseña que la doctrina de la Revelación «se contiene en los libros escritos y en las tradiciones no escritas que, trasmitidas como de mano en mano, han llegado hasta nosotros desde los apóstoles, quienes las recibieron o bien de labios del mismo Cristo, o bien por inspiración del Espíritu Santo». No se trata, por tanto de dos fuentes independientes.

> El texto conciliar no dice que la Revelación esté contenida *parte* en la Escritura y *parte* en la Tradición, sino que atenúa este modo de hablar y lo que implica, al usar la expresión latina *et-et*, es decir, *tanto en* los libros escritos *como en* las tradiciones no escritas.

El **Concilio Vaticano II** enseña que la Tradición y la Escritura brotan de **la misma fuente divina** y constituyen una **unidad orgánica** (cfr. *Dei Verbum*, n. 9). Subraya asimismo el rango e importancia de la Escritura en el proceso de la Tradición, cuando dice que la Escritura «es palabra de Dios en cuanto que, por inspiración del Espíritu divino, se consignó por escrito».

> El Concilio procura recuperar una comprensión amplia y unitaria de la Tradición y de su función en la vida de la Iglesia. Así como la Revelación no se presenta como la simple comunicación de una suma de verdades particulares, sino como la auto-comunicación salvadora del Dios trino, que habla a los hombres como amigos (cfr. *Dei Verbum*, n. 2), la Tradición no se entiende como un elenco de doctrinas sino como **presencia viva de la Palabra de Dios**, que «sigue conversando siempre con la esposa de su Hijo amado» (íd. n. 8).

5. Los testigos de la Tradición

La Tradición es una **realidad viva** cuyo sujeto principal y abarcante es la Iglesia misma, y cuyo principal impulsor es el Espíritu Santo. Se refleja, sin embargo, en un conjunto de testimonios o monumentos documentales, que comienzan en los tiempos primeros del cristianismo, se suceden y renuevan a través de la historia, y llegan hasta nuestros días.

5.1. Los Padres de la Iglesia

• Definición

Se denominan Padres de la Iglesia a los **escritores cristianos antiguos** caracterizados por su santidad de vida, por su profundo conocimiento de la Sagrada Escritura y de la doctrina de fe, y por la responsabilidad con que ejercieron las tareas pastorales que tuvieron encomendadas en la Iglesia.

Estos escritores abarcan diversos períodos y grupos. Los más importantes son los **Padres apologistas** (siglos II y III) y los autores de los siglos IV y V, que tanto en Oriente como en Occidente constituyen **la edad de oro** de la patrística, llena de obras cristianas decisivas. Sobresalen entre estos últimos los nombres de San Atanasio de Alejandría (+373), San Gregorio Niseno (+395), San Basilio (+379), San Cirilo (+444), San Juan Crisóstomo (+407), San Jerónimo (+419), San Ambrosio (+397), San Agustín (+430) y San León (+461).

Suelen considerarse últimos Padres de Occidente a San Gregorio Magno (+604) y a San Isidoro de Sevilla (+636). San Juan de Damasco (+743) es tenido como el último Padre oriental.

- **Características**

    - Son autores de excelentes **comentarios a la Sagrada Escritura** y de obras polémicas contra los errores de su tiempo.

    - Viva **conciencia católica** y un hondo sentido del misterio divino.

    - Es un pensamiento **cristocéntrico** y **eclesial**, excelente ejemplo de teología unitaria y armónica.

    - Atentos y **abiertos** a las riquezas de las culturas que entran en contacto con la fe cristiana.

    - Alto **prestigio doctrinal y espiritual**.

- **Importancia**

La Iglesia ha enseñado que el **consenso patrístico unánime** constituye regla cierta para interpretar la Sagrada Escritura. El Concilio Vaticano II afirma que «las enseñanzas de los Santos Padres testifican la presencia viva de la Tradición, cuyos tesoros se comunican a la práctica y a la vida de la Iglesia creyente y orante» (*Dei Verbum*, n. 8).

Los Padres demuestran que la teología de la Iglesia puede ser **fiel** a la Revelación y, al mismo tiempo, viva, plural y **creativa**, atenta y abierta a la cultura del momento.

El estudio de los Padres de la Iglesia desempeña un papel importante en la formación teológica de los cristianos cultos y especialmente de los sacerdotes.

5.2. La Sagrada Liturgia

El culto litúrgico es **la oración solemne y pública de la Iglesia**, recibe su sentido del culto perfecto que Jesucristo tributa al Padre Eterno, y tiene su centro en la Sagrada Eucaristía.

«Toda celebración litúrgica, por ser obra de Cristo sacerdote y de su Cuerpo, que es la Iglesia, es acción sagrada por excelencia, cuya eficacia, con el mismo título y en el mismo grado, no la iguala ninguna otra acción eclesial. En la liturgia terrena pregustamos y tomamos parte en aquella liturgia celestial que se celebra en la santa ciudad de Jerusalén, hacia la que nos dirigimos como peregrinos» (Concilio Vaticano II, constitución *Sacrosanctum Concilium*, n. 7-8).

En acción de puro **desinterés**, la Liturgia no atiende a otra cosa que a la glorificación de Dios mediante la adoración, la alabanza y la acción de gracias.

La Liturgia es **portadora de valores dogmáticos** y nos facilita un medio excelente para descubrir lo que pertenece a la fe revelada.

Quien asiste, por ejemplo, a una ceremonia de bautismo solemne puede conocer, a través de los ritos y oraciones que presencia y oye, cuál es la fe de la Iglesia sobre el hombre como criatura e hijo de Dios, el pecado y sus consecuencias, los planes divinos salvadores, la gracia de Jesucristo y su eficacia santificadora, el sentido de la pertenencia a la Iglesia, etc.

En este hecho encuentra su significación el principio *lex orandi, lex credendi*, es decir, la oración de la Iglesia es norma de fe. La oración litúrgica es el dogma vivido.

Al usar estas expresiones debe ponerse el acento sobre la primacía de la realidad dogmática que vive la Liturgia, pues no quieren decir que la Liturgia hace el dogma, sino lo contrario: el dogma hace o configura la Liturgia. Las oraciones litúrgicas no están formuladas, como es lógico, con tanta precisión como las definiciones dogmáticas; y los razonamientos teológicos apoyados en la Liturgia deben usarse con prudencia y sentido crítico.

La Liturgia posee un **gran valor educativo**. Es como una catequesis permanente que traduce sin cesar para todos el sentido católico de las cosas.

5.3. El sentido cristiano de la fe (*sensus fidelium*)

Definición. El pueblo cristiano, que vive su fe, posee la capacidad de expresarla de manera sencilla pero correcta, y constituye por lo tanto un testimonio importante de las creencias de la Iglesia. Suele decirse que el conjunto de los fieles bautizados forma un pueblo profético, que goza de la llamada **infalibilidad** *in credendo* (infalibilidad en el creer).

El Concilio Vaticano II formula esta doctrina con las siguientes palabras: «El pueblo santo de Dios participa también del don profético de Cristo, difundiendo un testimonio vivo con la vida de fe y de caridad... La universalidad de los fieles, que tiene la unción del Santo, no puede equivocarse en su creencia, y ejerce esta propiedad mediante el sentido sobrenatural de la fe, cuando «desde el obispo hasta los últimos

fieles seglares» manifiesta un asentimiento universal en cosas de fe y costumbres»
(*Lumen Gentium*, n. 12).

Fundamentos. Los fundamentos del *sensus fidelium* o *sensus fidei* se encuentran en el hecho de que **la fe es un bien común**, concedido por Dios a todo el pueblo que forma la Iglesia. Ésta es la heredera legítima de las promesas divinas. Es el nuevo Israel, un pueblo profético que entiende la doctrina y discierne los caminos de Dios, para proclamarlos al mundo entero. «Vosotros sois linaje escogido, sacerdocio real, nación santa, pueblo adquirido, para anunciar las maravillas de Aquel que os llamó de las tinieblas a su admirable luz» (*1 Pe* 2, 9).

El *sensus fidelium* se halla profusamente documentado en la historia de la Iglesia. El Evangelio fue llevado inicialmente por simples fieles a regiones enteras, como Georgia, Abisinia, etc; los laicos se mantuvieron ortodoxos durante la crisis arriana de los siglos IV y V, a pesar de la defección de muchos obispos; los guaraníes conservaron su fe, sin sacerdocio, durante más de ochenta años; igualmente lo hicieron los cristianos japoneses desde el comienzo del siglo XVII hasta 1864, cuando llegaron de nuevo algunos misioneros a Nagasaki; bajo la dominación turca en Hungría (siglo XVII), la Revolución francesa, y los regímenes comunistas del este de Europa, la fe católica fue mantenida y trasmitida sobre todo por la actividad de los laicos.

Un reflejo importante del *sensus fidei* está constituido por la llamada **religiosidad popular** que, aunque se halla sujeta a posibles abusos de lo sacro, supone un cristianismo vivo reflejado en devociones sencillas, como procesiones, cofradías, peregrinaciones, romerías, visitas a templos y santuarios, etc.

5.4. El consenso teológico

Los teólogos han tenido siempre gran importancia doctrinal en la Iglesia, como uno de los lugares o voces de la Tradición.

Melchor Cano, que resume la teología anterior en este punto, dirá en 1562 que «si los teólogos de la Iglesia formulan unánimemente (*uno ore*) una conclusión firme y estable, e invitan...a los fieles a abrazarla como verdad cierta de la Teología, hemos de aceptarla como verdad de fe católica», (*De Locis*, XII, cap. VI).

Uno de los temas más interesantes que plantean hoy la doctrina y la praxis del consenso de los teólogos es la articulación y mutua colaboración entre la actividad teológica y el Magisterio de la Iglesia. Iniciativa muy importante fue la creación en 1969 de la **Comisión Teológica Internacional**.

La Comisión Teológica Internacional se define como un órgano oficial (no privado) de estudio científico (no administrativo), que debe trabajar en absoluta fidelidad a la Iglesia. No forma parte del Dicasterio para la Doctrina de la Fe aunque su presidente es el prefecto de dicho dicasterio. La Comisión estudia cuestiones doctrinales importantes, bien porque le son solicitadas por los órganos de la Santa Sede, bien por propia iniciativa. La Comisión trasmite directamente al Santo Padre los resultados de sus estudios.

La opinión mayoritaria de los teólogos **no posee un carácter absoluto**, y podría haber ocasiones excepcionales en que ese consenso no expresara con todo acierto la verdad revelada o la interpretase incorrectamente.

Un reflejo de esta posibilidad se produjo en relación con el tema de los aspectos procreador y unitivo de los actos conyugales. Un grupo de teólogos, designados por Pablo VI, emitió por mayoría un dictamen, cuya tesis central fue corregida y desestimada por el Papa en la encíclica *Humanae Vitae*, en 1968.

Ejercicio 1. Vocabulario

Identifica el significado de las siguientes palabras y expresiones usadas:

- Tradición y tradiciones
- Reforma protestante
- pureza evangélica
- filosofía racionalista
- Ilustración
- condición de comprensión
- crítica
- principio de la Tradición
- Tradición viva
- aspecto normativo de la Tradición
- aspecto interpretativo de la Tradición
- *sola Scritpura*

- rito
- unidad orgánica entre SSEE y Tradición
- Padres apologistas
- triple inmersión (Bautismo)
- pensamiento cristocéntrico
- consenso patrístico
- *lex orandi, lex credendi*
- *sensus fidei / sensus fidelium*
- infalibilidad *in credendo*
- consenso teológico
- Comisión Teológica Internacional

Ejercicio 2. Guía de estudio

Contesta a las siguientes preguntas:

1. ¿Por qué es importante la tradición en la cultura humana?

2. ¿Qué se entiende por Tradición en la teología cristiana?

3. ¿Por qué rechazó la Reforma protestante la Tradición?

4. ¿En qué consiste «el principio de la Tradición»?

5. Explica la diferencia entre la Tradición y las tradiciones. ¿Cuál es el valor normativo de la Tradición (regla de fe)?

6. ¿Qué valor tienen para la Teología los Padres de la Iglesia?

7. Explica en qué consiste el *sensus fidelium*.

8. ¿Qué es la Comisión Teológica Internacional?

9. ¿Qué valor tiene un consenso general de los teólogos sobre una cuestión doctrinal o moral?

10. Las ceremonias litúrgicas, especialmente la Santa Misa, ¿tienen algún valor doctrinal?

11. ¿Qué se quiere decir cuando se califica a la Tradición con el término *viva*?

12. ¿Qué conexión hay entre la Sagrada Escritura y la Tradición? ¿Son *dos* fuentes de la fe?

Ejercicio 3. Comentario de texto

Lee los siguientes textos y haz un comentario personal utilizando los contenidos aprendidos:

La Tradición de que hablamos aquí es la que viene de los apóstoles y transmite lo que éstos recibieron de las enseñanzas y del ejemplo de Jesús y lo que aprendieron por el Espíritu Santo. En efecto, la primera generación de cristianos no tenía aún un Nuevo Testamento escrito, y el Nuevo Testamento mismo atestigua el proceso de la Tradición viva.

Es preciso distinguir de ella las «tradiciones» teológicas, disciplinares, litúrgicas o devocionales nacidas en el transcurso del tiempo en las Iglesias locales. Estas constituyen formas particulares en las que la gran Tradición recibe expresiones adaptadas a los diversos lugares y a las diversas épocas. Sólo a la luz de la gran Tradición aquéllas pueden ser mantenidas, modificadas o también abandonadas bajo la guía del Magisterio de la Iglesia.

Catecismo de la Iglesia Católica, n. 83.

* * *

Así, pues, la predicación apostólica, que está expuesta de un modo especial en los libros inspirados, debía conservarse hasta el fin de los tiempos por una sucesión continua. De ahí que los Apóstoles, comunicando lo que de ellos mismos han recibido, amonestan a los fieles que conserven las tradiciones que han aprendido o de palabra o por escrito, y que sigan combatiendo por la fe que se les ha dado una vez para siempre. Ahora bien, lo que enseñaron los Apóstoles encierra todo lo necesario para que el Pueblo de Dios viva santamente y aumente su fe, y de esta forma la Iglesia, en su doctrina, en su vida y en su culto perpetúa y transmite a todas las generaciones todo lo que ella es, todo lo que cree.

Esta Tradición, que deriva de los Apóstoles, progresa en la Iglesia con la asistencia del Espíritu Santo: puesto que va creciendo en la comprensión de las cosas y de las palabras transmitidas, ya por la contemplación y el estudio de los creyentes, que las meditan en su corazón y, ya por la percepción íntima que experimentan de las cosas espirituales, ya por el anuncio de aquellos que con la sucesión del episcopado recibieron el carisma cierto de la verdad. Es decir, la Iglesia, en el decurso de los siglos, tiende constantemente a la plenitud de la verdad divina, hasta que en ella se cumplan las palabras de Dios.

Concilio Vaticano II, *Dei Verbum*, n. 8.

TEMA 8

EL MAGISTERIO DE LA IGLESIA

Al Magisterio eclesial compete interpretar auténticamente la Palabra de Dios, tanto la palabra escrita (Sagrada Escritura) como la no escrita (Tradición). Tiene también como misión definir la doctrina cristiana, y valorar la experiencia creyente en cuanto a su carácter evangélico, como expresión de fe cristiana y contribución a la edificación de la Iglesia. El carisma profético que vive en la actividad magisterial permite a los pastores de la Iglesia discernir el sentido cristiano de la historia y reconocer los «signos de los tiempos».

SUMARIO

1.1. Origen

La tarea de enseñar que la Iglesia ejerce por voluntad de Jesús deriva de uno de los **tres oficios del Señor** que, según la Sagrada Escritura y la teología cristiana: profeta, rey y sacerdote.

Estos tres oficios se reflejan directamente en la actividad de la Iglesia, que ejerce una función **docente**, una función **pastoral** y una función **sacerdotal** (*triplex munus*). La primera se desarrolla en la exposición e interpretación de la doctrina; la segunda se desarrolla en el gobierno espiritual de los fieles; y la tercera se ejerce en el culto.

1.2. Definición

El **magisterio doctrinal** es el ejercicio de la función docente que la Iglesia tiene encomendada. Puede definirse como la actividad de **enseñanza y custodia**, que los titulares de la autoridad de la Iglesia realizan en ella sobre el depósito de la fe y su desarrollo a lo largo del tiempo.

> La enseñanza y protección de la fe recibida aparece en la Sagrada Escritura como una actividad esencial en la Iglesia de Jesucristo. «Me ha sido dado todo poder en el cielo y en la tierra. Id y haced discípulos a todas las gentes, bautizándolas en el nombre del Padre, del Hijo y del Espíritu Santo, y enseñándoles a guardar todo lo que os he mandado» (Mt, 28, 18-20). La misión que Jesús confía a sus Apóstoles y discípulos incluye claramente la función de enseñar.

1.3. Testimonios del Magisterio en la Tradición

- Los **Hechos de los Apóstoles** muestran una actividad magisterial de los Doce y de sus colaboradores en la tarea de fundar y guiar las comunidades cristianas. El libro se refiere concretamente a la «doctrina de los Apóstoles» (Hch 2, 42), como uno de los elementos fundamentales en la vida de los cristianos. El Concilio de Jerusalén suministra un nuevo testimonio de que, en la Iglesia de los orígenes, los Apóstoles ejercían una **autoridad** propia para resolver cuestiones de doctrina y disciplina.

- Los **siglos II y III** abundan en datos sobre el hecho de **la «sucesión apostólica»**, como criterio para establecer las verdadera doctrina de Jesús. Hay una estrecha conexión entre el ministerio pastoral y la Buena Nueva evangélica.

1.4. Carisma del Espíritu Santo

El Espíritu Santo asiste a los titulares del Magisterio doctrinal y mantiene así a la Iglesia en la fe verdadera y la protege de cualquier desviación. Este carisma de enseñar con autoridad y sin error es **un don de toda la Iglesia**, pero se halla particularmente presente en los Apóstoles y sus sucesores, es decir, en el **colegio apostólico** presidido por Pedro, y luego en el **colegio episcopal**, cuya cabeza es el Romano Pontífice.

> Dice la constitución *Lumen Gentium*: «El cuerpo episcopal sucede al colegio de los Apóstoles en el Magisterio y en el régimen pastoral» (n. 22); «Los obispos en cuanto sucesores de los apóstoles reciben del Señor la misión de enseñar a todas las gentes y predicar el Evangelio a toda criatura» (n. 24).

1.5. Necesidad del Magisterio

El Magisterio de la Iglesia es necesario para conocer el contenido de la verdadera fe, e interpretarla adecuadamente.

> Las comunidades cristianas nacidas de la crisis religiosa del siglo XVI (luteranos, calvinistas, zwinglianos, anglicanos, etc.) no admiten la necesidad y la legitimidad de la mediación magisterial de la Iglesia. Casi todas afirman **el principio del libre examen** de la Sagrada Escritura, según el cual todo cristiano que lea atenta y honradamente la Biblia será capaz de conocer, con la ayuda del Espíritu Santo, las doctrinas necesarias para la salvación, sin la orientación de magisterio alguno.

2. El ejercicio del Magisterio en la Iglesia

2.1. El Magisterio extraordinario

- Definición

El magisterio extraordinario o solemne es el ejercido por un **concilio ecuménico**, o por el Papa cuando define *ex cathedra* una doctrina de fe. Definir una doctrina supone **formular solemnemente un juicio** que **vincula** a toda la Iglesia, y que debe ser aceptado por los fieles como parte de la Revelación. La ley canónica establece que ninguna doctrina ha de considerarse como definida a no ser que haya sido objeto de una definición expresa y pública (Canon 749,3).

> Como ejemplos de magisterio extraordinario pueden mencionarse las definiciones de la Inmaculada Concepción de María por Pío IX en 1854, de la infalibilidad del Romano Pontífice por el Concilio Vaticano I en 1870, y la definición de la Asunción de Nuestra Señora por Pío XII en 1950.

- **Infalibilidad y asistencia del Espíritu Santo**

La aceptación de estos actos solemnes como infalibles por parte de los fieles se basa en la convicción de fe de que esas afirmaciones no pueden ser erróneas, dada la asistencia que el Espíritu Santo dispensa al Papa y al Concilio.

- **Doctrina irreformable**

Estas definiciones son por tanto irreformables en sí mismas, de modo que su valor religioso no depende de que sean o no sean aceptadas por la mayoría de los fieles.

Las **definiciones papales** se basan en la fe de la Iglesia. El Papa no posee una fuente independiente de Revelación, y puede definir como dogma de fe solamente lo que se contiene en el depósito revelado. Tiene en cuenta por tanto la creencia de los fieles, aunque no necesita el consenso previo de los obispos y de los fieles todos para proceder a una definición dogmática.

> Que sean irreformables no significa que su formulación sea tan perfecta y acabada que no pueda alcanzar todavía mayor precisión. Significa que su sentido no está sujeto a cambios o mutaciones, y será siempre el mismo.

2.2. El Magisterio ordinario

- **Definición**

Es el ejercido normalmente por el Papa y por los obispos que están en comunión con él. La actividad magisterial más frecuente del Papa y de los obispos es ordinaria.

> El Código de Derecho Canónico de 1983 se refiere al magisterio episcopal con las siguientes palabras: «Los obispos que se hallan en comunión con la cabeza y los miembros del colegio, tanto individualmente como reunidos en conferencias episcopales o en concilios particulares, aunque no son infalibles en su enseñanza, son doctores y maestros auténticos de los fieles encomendados a su cuidado» (canon 753; cfr. *Lumen Gentium*, n. 25).

- **Responsabilidad y autoridad de cada obispo**

Cada obispo diocesano es el **pastor** de todos sus fieles, y le corresponde respecto a ellos la **máxima responsabilidad y autoridad** en la enseñanza de la doctrina cristiana. Ejerce sus funciones docentes oralmente o mediante escritos pastorales, y con la promoción de iniciativas catequéticas y educativas adecuadas.

- ### Las conferencias episcopales

Sin perjuicio de la responsabilidad personal que compete a cada uno en su diócesis, los obispos suelen ejercer su función de enseñar **reunidos** en las conferencias episcopales, que son corporaciones permanentes formadas por todos los obispos de un país o territorio. Las conferencias episcopales han publicado durante los últimos años numerosas cartas pastorales y declaraciones de naturaleza doctrinal.

> El Concilio Vaticano II recomendó vivamente este cauce de colaboración entre los obispos de un territorio (cfr. Decreto *Christus Dominus*, n. 37) y el papa Pablo VI prescribió la formación de esas conferencias.

- ### El Sínodo de los Obispos

Es definido como «una asamblea de **obispos escogidos** de entre las diversas regiones del mundo, que se reúnen en determinadas ocasiones para fomentar la unión estrecha entre el Romano Pontífice y los Obispos, ayudar al Papa con sus consejos para la integridad y mejora de la fe y costumbres y la conservación y fortalecimiento de la disciplina eclesiástica, y estudiar las cuestiones que se refieren a la acción de la Iglesia en el mundo» (canon 342).

> Fue instituido por Pablo VI en el Motu proprio *Apostolica Sollicitudo*, de 15. XI. 1965, como una expresión de la colegialidad episcopal. No es propiamente un órgano directo del Magisterio, pero su función se orienta en esa dirección.

El Sínodo es **convocado y presidido por el Papa**, trata de las cuestiones que éste le ha propuesto previamente, y no dirime asuntos ni emite decretos. La santa sede, o el mismo Papa, puede publicar un **documento** que resume las orientaciones y conclusiones sinodales acerca de los temas que han sido estudiados.

El **Sínodo ordinario** se reúne periódicamente, pero pueden también convocarse **asambleas sinodales extraordinarias** sobre temas y cuestiones especiales.

> La sinodalidad en la Iglesia puede tener un modo de funcionamiento variable: en su convocatoria, participación y relevancia magisterial.

2.3. La infalibilidad del Magisterio

Hay que precisar que la distinción entre magisterio extraordinario y ordinario no se identifica con la distinción entre magisterio infalible y no infalible, dado que en determinadas circunstancias, la enseñanza ordinaria unánime de todo el colegio episcopal pueda gozar también de infalibilidad.

- **Infalibilidad en el magisterio extraordinario**. El Magisterio extraordinario Goza del carisma de la infalibilidad. Es decir, en toda enseñanza solemne de la Iglesia (concilio y formulaciones *ex cathedra* del Romano Pontífice), no hay error posible en materia de fe.

- **Infalibilidad en el magisterio ordinario**. Aunque tanto el Papa como los obispos individuales no hablan infaliblemente en el ejercicio ordinario de su función docente, existen sin embargo **condiciones** bajo las que el magisterio ordinario del colegio episcopal puede gozar del carisma de la infalibilidad. Según la constitución *Lumen Gentium*, estas condiciones son tres:

  - que los obispos mantengan el vínculo de **unidad** entre sí y con el Romano Pontífice;

  - que hablen **autorizadamente** sobre una verdad de fe o de moral;

  - que convengan todos en un solo punto de vista como el único que deba mantenerse de modo **definitivo** (cfr. n. 25).

2.4. Relevancia del magisterio ordinario

Reviste gran importancia para entender bien el sentido del Magisterio eclesiástico tener en cuenta que su **ejercicio normal y habitual** está constituido por el magisterio ordinario.

La discusión teológica de los últimos años se ha centrado excesivamente en el magisterio infalible y su alcance.

La gran atención concedida a la infalibilidad de las enseñanzas propuestas por el magisterio extraordinario ha desembocado a veces en la aceptación tácita de la idea de que sólo el magisterio infalible recibe la asistencia del Espíritu Santo, y que sólo sus enseñanzas contienen realmente doctrina católica sin mezcla de error. Esta perspectiva ha conducido en ocasiones a una devaluación del magisterio ordinario.

Conviene entonces tener en cuenta que el Magisterio de la Iglesia, tal como lo entiende el Concilio Vaticano II (cfr. *Lumen Gentium*, n. 25), goza en todo su ejercicio de una **asistencia específica del Espíritu Santo**.

El Magisterio es en la Iglesia el órgano ministerial del que Dios se vale para mantenerla en la verdad. El hecho de que, en la gran mayoría de las ocasiones, las declaraciones del Magisterio no sean formalmente infalibles no significa que no sean verdaderas.

Si no fuera así, el Magisterio se vería continuamente en la desagradable alternativa de pronunciar una declaración infalible o de callar. Este planteamiento implica además una visión estrechamente jurídica de la actividad magisterial, y tiende a reducir la autoridad a la infalibilidad.

3. Funciones, competencias y autoridad del Magisterio

3.1. Funciones

Su misión no es acuñar nuevas doctrinas, sino ser el portavoz autorizado y fiel de la doctrina de Cristo.

> Dice el Concilio Vaticano I: «No fue prometido a los sucesores de Pedro el Espíritu Santo para que por la revelación de éste manifestaran una nueva enseñanza, sino para que, con su divina asistencia, santamente custodiaran y fielmente definieran la revelación trasmitida por los Apóstoles o depósito de la fe».

Así como el Espíritu Santo no añade nada nuevo a la predicación y doctrina de Jesús, sino que es enviado para ayudar a su **comprensión y asimilación** por los cristianos, así también el Magisterio no es una actividad innovadora ni independiente de la doctrina evangélica. No está por encima de la Palabra de Dios, sino a su servicio, para enseñar puramente lo trasmitido. El Magisterio **escucha la Palabra de Dios** y extrae de ella todo lo que propone para ser creído y vivido.

• Custodiar el depósito de la fe

El Magisterio tiene, en primer lugar, la función de proteger y custodiar el depósito de la fe, para que a lo largo de la historia de la Iglesia no se altere ni se corrompa. Es ante todo una función de **testimonio**, que se hace posible gracias a la función apostólica del episcopado. Ésta es la actividad normal del Magisterio.

• Discernir y juzgar

La tarea de proteger el depósito no debe entenderse como una actividad simplemente pasiva. Se ejerce sobre un depósito de la fe que posee vida propia y que se desarrolla precisamente bajo la atención vigilante de la Iglesia. El Magisterio tiene, por lo tanto, que discernir y juzgar acerca de las opiniones, teorías, iniciativas teológicas, etc., que tienen que ver con la explicación de la fe y pueden enriquecerla o deformarla.

• Definir con autoridad la doctrina

La función de definir doctrinas contenidas en el depósito revelado (es decir, convertir explícito lo que se halla implícito en la fuente de la Revelación) resulta de necesario ejercicio en determinadas ocasiones, especialmente a causa de las cuestiones, las incertidumbres y los errores que se suscitan en el curso del tiempo.

El Magisterio goza para este fin de una competencia específica basada en un **carisma** para discernir el sentido de la Revelación, y en una **autoridad jurisdiccional** que le permite pedir a los fieles cristianos que acepten una definición dogmática.

3.2. Competencias del Magisterio

• **Objeto primario**

El objeto de la actividad magisterial se extiende únicamente a las **cuestiones de fe y moral**. Estas cuestiones son objeto directo y primario del Magisterio cuando se contienen formalmente en el **depósito revelado**. Enseña *Lumen Gentium* que la infalibilidad de la Iglesia «se extiende a todo cuanto abarca el depósito mismo de la revelación divina» (n. 25). Únicamente lo que está comprendido en el objeto primario puede ser definido como dogma de fe.

> Son formalmente reveladas las verdades que se imponen al entendimiento del creyente de modo inmediato y en virtud de las palabras mismas de los testimonios inspirados (por ejemplo, en Dios hay una esencia y tres personas, Jesucristo es Dios y hombre, etc.). Son de hecho asimilables a estas verdades otras que se contienen en la Revelación, pero que deben ser percibidas mediante una cierta reflexión (por ejemplo, las obras *ad extra* de la Trinidad son comunes a las tres Personas, Jesucristo tiene alma humana, María puede ser llamada propiamente Madre de Dios, etc.).

• **Objeto secundario**

Son verdades en sí mismas no reveladas, pero que se relacionan de tal manera con las reveladas que resultaría imposible al Magisterio exponer éstas sin pronunciarse también sobre las primeras. Estas **verdades conexas** puede que no pertenezcan a la Revelación, pero son necesarias para protegerla. Las cuestiones que caen dentro del objeto secundario pueden ser definidas como verdades, pero no para ser creídas con fe divina (dogma).

> Es indiscutible que las cuestiones de ley moral natural, son objeto de enseñanza del Magisterio. Existen, sin embargo, opiniones diferentes sobre si el Magisterio puede hacer definiciones infalibles sobre cualquier cuestión relativa a la ley moral, incluidos los problemas cuya solución no se encuentra directamente en la Revelación.

3.3. Autoridad y aceptación del Magisterio

- **Obediencia y respeto**

Se espera de todos los cristianos una **aceptación obediente y respetuosa** de las enseñanzas magisteriales. Las definiciones solemnes deben ser recibidas como parte de la fe revelada. Y, en general, las enseñanzas papales y episcopales que constituyen el magisterio ordinario deben recibirse con una actitud de respeto y docilidad interior.

> Dice *Lumen Gentium*: «Los obispos, cuando enseñan en comunión con el Romano Pontífice, deben ser respetados por todos como testigos de verdad divina y católica. Los fieles tienen obligación de adherirse con religiosa sumisión del espíritu al parecer de su obispo en materias de fe y costumbres, cuando las expone en nombre de Cristo» (n. 25).

- **Autoridad especial del magisterio del Romano Pontífice**

La adhesión de la voluntad y del entendimiento se debe especialmente al magisterio del Romano Pontífice, aunque no hable *ex cathedra*. El Papa ejerce su **actividad ordinaria de enseñar** mediante encíclicas, exhortaciones apostólicas, cartas, discursos y otros documentos e intervenciones dirigidos a toda la Iglesia.

> Para calibrar la importancia de un documento magisterial y el grado de vinculación que exige, han de tenerse en cuenta su naturaleza, la insistencia con que se proponga una misma doctrina, y las fórmulas y expresiones que use para enseñarla y recomendarla (cfr. *Lumen Gentium*, n. 25).

- **Valoraciones y calificaciones teológicas**

Las decisiones del magisterio doctrinal que se han producido a lo largo del tiempo, suelen incluir a veces valoraciones o calificaciones teológicas de las opiniones o doctrinas aclaradas. Es muy frecuente que estas valoraciones designen el grado de certeza con el que determinadas enseñanzas de la Iglesia puedan o deban ser recibidas.

> Se considera que una **doctrina es de fe divina** (*de fide divina*), si forma parte explícita, o por inclusión, de la revelación; es **de fe divina y católica** (*de fide divina et catholica*) si es además propuesta por el Magisterio como verdad que debe ser creída; es **próxima a la fe** (*fidei proximum*) si es considerada como revelada por la opinión concorde de los teólogos. Las doctrinas no contenidas formalmente en la Revelación pero unidas estrechamente con ella, y presentadas así por el Magisterio, se denominan **verdades de fe de la Iglesia** (*de fide ecclesiastica*).

El Magisterio de las últimas décadas **ha abandonado** prácticamente este modo de calificar las doctrinas y el valor teológico se mide por **criterios internos** de los propios documentos.

- **Eclesialidad de la Teología**

El decisivo papel que la teología desempeña en la vida de la Iglesia hace que los teólogos deban mantener una **estrecha relación** con el Magisterio. La eclesialidad de la Teología y su honda conexión con la fe explican la vinculación de aquélla con la Iglesia y con su Magisterio. Éste no es una instancia ajena a la teología, sino intrínseca a ella. Si el teólogo es ante todo y radicalmente un creyente, y si su fe cristiana es fe en la Iglesia, su labor habrá de permanecer vinculada a la fe eclesial.

- **Funciones distintas**

Magisterio y teología desempeñan funciones y usan medios que son diferentes.

La teología trata de **investigar** del modo más completo posible las verdades cristianas, dar a conocer a toda la comunidad eclesial los frutos de sus trabajos, y colaborar en la tarea de **difundir** y **defender** la doctrina que el Magisterio enseña en base a su autoridad.

El Magisterio de la Iglesia es una instancia de carácter carismático, en la que predomina el **testimonio autorizado** de las verdades de la Revelación y del modo de formularlas.

- **Mutua necesidad y complementariedad**

La teología necesita del Magisterio para **orientar** su trabajo y **protegerlo** de posibles desviaciones. El Magisterio necesita de la teología para que las enseñanzas magisteriales adquieran **forma orgánica y sistemática**, y puedan ser respuesta a los interrogantes legítimos que formulan los fieles cristianos y todos los hombres que entran en contacto intelectual con la Iglesia. Ambas funciones se complementan.

- **Libertad y responsabilidad en la investigación teológica**

El Magisterio ha proclamado la **libertad de investigación** teológica y la legítima autonomía de los teólogos en el marco de la Iglesia.

La creatividad, libertad y capacidad de iniciativa teológicas no se presentan, sin embargo, en confrontación dialéctica con la fe de la Iglesia y la actividad magisterial, sino en una **relación convergente e integradora**. La responsabilidad hacia la Iglesia toda y la naturaleza de la tarea que tiene encomendada, hacen que la libertad de expresión e investigación del teólogo no sea un derecho absoluto.

Dice la *Instrucción sobre la vocación eclesial del teólogo*, n. 11.«El teólogo, sin olvidar que es también un miembro del Pueblo de Dios, debe respetarlo y comprometerse a darle una enseñanza que no lesione la doctrina de la fe».

Ejercicio 1. Vocabulario

Identifica el significado de las siguientes palabras y expresiones usadas:

- carisma profético
- *triplex munus*
- sucesión apostólica
- colegio episcopal
- zwinglianos
- anglicanos
- principio del libre examen
- concilio ecuménico
- definición *ex cathedra*
- infalibilidad
- magisterio extraordinario
- definiciones papales
- magisterio ordinario
- conferencia episcopal
- sínodo de los obispos
- asamblea sinodal extraordinaria
- obras *ad extra* (S. Trinidad)
- depósito revelado
- verdades formalmente reveladas
- calificaciones teológicas
- doctrina de fe divina y católica
- verdades *de fide ecclesiastica*
- libertad de investigación teológica

Ejercicio 2. Guía de estudio

Contesta a las siguientes preguntas:

1. ¿En qué consiste el oficio magisterial de la Iglesia? ¿De dónde deriva?
2. Señala algún testimonio del Magisterio en la Sagrada Escritura
3. ¿Qué es la infalibilidad del Magisterio? ¿Qué condiciones tiene?
4. ¿Qué valor magisterial tienen los documentos de la conferencia episcopal de un país?
5. ¿Qué valor magisterial tiene la homilía dominical?
6. ¿Qué es el magisterio extraordinario de la Iglesia?
7. Discute la importancia mayor o menor del magisterio ordinario y extraordinario.

8. ¿En qué consiste y cómo se realiza la actividad del sínodo de los obispos?

9. Explica el objeto primario y objeto secundario de la actividad del Magisterio.

10. Explica la relación entre la actividad científica de los teólogos y el Magisterio de la Iglesia.

11. Un teólogo, ¿tiene libertad para investigar cualquier cosa?

Ejercicio 3. Comentario de texto

Lee los siguientes textos y haz un comentario personal utilizando los contenidos aprendidos:

La Sagrada Tradición, pues, y la Sagrada Escritura constituyen un solo depósito sagrado de la palabra de Dios, confiado a la Iglesia; fiel a este depósito todo el pueblo santo, unido con sus pastores en la doctrina de los Apóstoles y en la comunión, persevera constantemente en la fracción del pan y en la oración (cf. Hch 8,42), de suerte que prelados y fieles colaboran estrechamente en la conservación, en el ejercicio y en la profesión de la fe recibida.

Pero el oficio de interpretar auténticamente la palabra de Dios escrita o transmitida ha sido confiado únicamente al Magisterio vivo de la Iglesia, cuya autoridad se ejerce en el nombre de Jesucristo. Este Magisterio, evidentemente, no está sobre la palabra de Dios, sino que la sirve, enseñando solamente lo que le ha sido confiado, por mandato divino y con la asistencia del Espíritu Santo la oye con piedad, la guarda con exactitud y la expone con fidelidad, y de este único depósito de la fe saca todo lo que propone como verdad revelada por Dios que se ha de creer.

Concilio Vaticano II,
Dei Verbum, n. 10.

* * *

El Magisterio de la Iglesia ejerce plenamente la autoridad que tiene de Cristo cuando define dogmas, es decir, cuando propone, de una forma que obliga al pueblo cristiano a una adhesión irrevocable de fe, verdades contenidas en la Revelación divina o también cuando propone de manera definitiva verdades que tienen con ellas un vínculo necesario.

Catecismo de la Iglesia Católica, n. 88.

LA EXPERIENCIA DE DIOS

La experiencia de Dios, hecha por innumerables hombres y mujeres a lo largo de la historia de la salvación, es como la fuente subjetiva de la teología. El encuentro personal con Dios es provocado normalmente por el testimonio de la Biblia, leída en la Iglesia con las luces del Espíritu Santo. La experiencia creyente se halla, por tanto, en estrecha relación con la fe y la vida eclesiales, y contribuye a que la teología no sea una actividad puramente intelectual o erudita. Esta experiencia nutre la actividad teológica y es una garantía de su recta orientación.

SUMARIO

1. Noción e importancia de la experiencia · 2. La experiencia de Dios en la Biblia · 3. La cuestión de la experiencia en la teología cristiana. 3.1. Hasta el siglo XVI; 3.2. A partir de Lutero; 3.3. Siglo XIX y XX · **4. Fe y experiencia.** 4.1. Circularidad entre fe y experiencia; 4.2. La fe busca la realidad de Dios; 4.3. Un don del Espíritu Santo · **5. Características y condiciones de la experiencia creyente · 6. Comprobación y autenticidad de la experiencia · 7. Espiritualidad y teología.**

- **El peligro del intelectualismo**

En una equilibrada teología, la experiencia no debe separarse del conocimiento: sin contar con la experiencia, se corre el riesgo de una visión **intelectualista y parcial** de nuestra religión. El cristianismo hace un discurso fuertemente radicado en la esfera pasional del ser humano, es decir, un discurso de amor, temor, esperanza, benevolencia, compasión y perdón.

- **Síntesis de conocimiento y experiencia**

Las ideas y nociones que soportan el conocimiento intelectual mueven poco sin la vivencia, mientras que la experiencia y los movimientos afectivos resultan ciegos y sin rumbo sin las ideas que deben orientarlos y darles contenido. La **síntesis de nociones y vivencias** resulta necesaria para una concepción práctica y real de lo cristiano.

- **Noción de experiencia**

Cuando se habla de experiencia no se trata de la mera afectividad; ni de una experiencia puramente psicológica, que nace y muere en el mundo interior del sujeto. Tampoco hablamos de la experiencia mística.

> Los místicos cristianos han tenido una intensa experiencia de Dios. Pero su conocimiento inefable es difícil de explicar y hacer comprender a quien no tiene esa experiencia. Refiriéndose a su experiencia de Dios, san Juan de la Cruz escribe en *Llama de amor viva* que es algo de lo que «uno no querría hablar..., porque veo claro que no lo tengo de saber decir». Santa Teresa de Jesús en sus *Moradas,* dice sobre la unión con Dios que «no se ha de saber decir, ni el entendimiento lo sabe entender, ni las comparaciones pueden servir de declararlo».

Aquí nos referimos a la experiencia que se puede encontrar en **la vida espiritual ordinaria** del creyente. La vida espiritual cristiana contiene diferentes niveles y momentos de intensidad, y, sin ser mística en el sentido estricto de la palabra, se halla abierta a importantes **vivencias de Dios** y de lo sobrenatural. Cualquier experiencia supone alcanzar la realidad de las cosas como algo inmediatamente dado y presente ante el sujeto. Experiencia es el saber vivido, la vivencia de la realidad.

- **Importancia para la teología**

Resulta actualmente muy importante para la teología recuperar y articular la **dimensión experiencial de la vida cristiana**, porque en ese marco será más inteligible y significativo el discurso sobre Dios. Esta tarea implica también la aclaración de las relaciones entre fe y experiencia.

2. La experiencia de Dios en la Biblia

La Biblia documenta con sencillez y hondura la **automanifestación** de Dios al pueblo elegido. El pueblo, tanto colectivamente como algunos representantes destacados, viven la experiencia de Yahvé y sus obras poderosas de salvación. El pueblo hebreo en su conjunto testimonia el **encuentro** verdadero con Dios, que es determinante para su vocación, su misión en la historia, y su espiritualidad. La Escritura nos trasmite asimismo la experiencia creyente de grandes personajes bíblicos.

> Abraham, Moisés, David, Amós, Isaías, Jeremías, etc. han tenido en su llamamiento una inefable experiencia de Dios, que se convierte para ellos en una realidad y un horizonte vital mucho más importante que ellos mismos.

La experiencia del Dios vivo se continúa en el Nuevo Testamento en la experiencia que los discípulos tienen de **Jesús** y con Jesús. Estas vivencias culminan en la **experiencia de la Resurrección**, con el Señor resucitado presente en medio de ellos. El encuentro del Resucitado cambia completamente su existencia. Es una experiencia trasformante.

Esta experiencia, hecha **predicación y confesión de fe**, pervive en la Iglesia y en la vida de los cristianos. El horizonte personal del creyente se funde con el horizonte, más amplio y constituyente, de la fe eclesial. La fe cristiana aparece entonces como el modo específico de creer en Dios, que nace en último término de la **experiencia histórica de Jesús**, y se alimenta en la tradición eclesial de sus testimonios a través de los siglos.

3. La cuestión de la experiencia en la teología cristiana

La experiencia religiosa como tema teológico, que recibe un lugar en los tratados de teología fundamental y dogmática, aparece en el siglo XIX. Es una cuestión que se origina principalmente en el mundo religioso salido de la Reforma protestante, aunque posee numerosísimos precedentes en la tradición cristiana desde los tiempos más antiguos.

- **San Agustín** contribuye decisivamente a una teología de la experiencia, que se halla abierta a la trascendencia divina, y supone a la vez un desarrollo de la **interioridad** humana. La experiencia no es en el santo de Hipona ahondar en sí mismo, sino entrar en la fe y en el misterio inefable que la fe vela y descubre al mismo tiempo. No es un asunto de psicología religiosa. Hay una luz que se hace presente e ilumina el movimiento de la mente, de modo que la acción reveladora de Dios es comprendida por san Agustín como **el don de esa luz íntima** al alma. La fe posee una tendencia intrínseca a la experiencia y a la visión mística, que es como la antesala y la anticipación de la visión bienaventurada.

- **San Anselmo de Canterbury** (1033-1109) es autor de una teología de la fe que incluye un discurso sobre la experiencia creyente.

  «El que no cree –escribe en su *Epístola sobre la Encarnación del Verbo*– no experimentará nada (*experietur*), y el que no ha experimentado tampoco conocerá nada. De la misma manera que la experiencia se eleva sobre el haber-oído-decir, así el conocimiento del que experimenta sobrepasa el conocimiento del oyente, y por eso no se puede comenzar a investigar los misterios sobrenaturales antes de haber adquirido desde el sólido fundamento de la fe unas costumbres virtuosas y una sabiduría (*sapientia*) probada».

- La verdad cristiana «gustada a través de la experiencia», se convertirá a partir de **San Bernardo** y de la teología monástica en el eje de la teología espiritual, que en este tiempo no se ha separado aún de la dogmática.

- **San Buenaventura** es un destacado continuador de esta línea teológico-mística. Insiste en una concepción de la teología como saber práctico y no simplemente especulativo. Su obra no es sólo la de un maestro en teología sino sobre todo la de un maestro de espiritualidad. Libros como el *Itinerarium mentis ad Deum*, caracterizado por su cristocentrismo y su tendencia mística, plantean una doctrina de la iluminación, que es el presupuesto objetivo de una auténtica experiencia religiosa.

- **Santo Tomás de Aquino** reformula el tema agustiniano de la atracción interna por el amor, y lo hace con ayuda de lo que llama *interior instinctus et attractus doctrinae*, que son necesarios para que el hombre reconozca y acepte el carácter sobrenatural de los actos externos de la revelación divina. El *interior instinctus* es también designado por Tomás con los nombres de *inspiratio interna* y *experimentum*.

Dentro de la dinámica del acto de fe, **los dones del Espíritu,** que Dios concede junto a la gracia, llevan al creyente a una experiencia, cada vez más honda, de la presencia del ser divino y de la verdad y la belleza que se encierran en el misterio de Dios. Se trata de la experiencia que generalmente se denomina **mística** cristiana. Es un **sentir las cosas divinas**, que se diferencia del saber sobre Dios.

3.2. A partir de Lutero

Con la Reforma protestante, el tema de la experiencia reviste un fuerte **tono subjetivista**, que a veces parece comprometer la objetividad del misterio divino.

- **La ortodoxia protestante del siglo XVII** se caracteriza por el deseo de presentar sistemáticamente los principios religiosos reformados como expresión directa de la verdad de la Biblia. Esta verdad bíblica se hallaría confirmada, según esta concepción, por el «testimonio del Espíritu Santo», que habla **en el corazón** de los fieles. Pero los teólogos de este tiempo se resistieron a otorgar a este testimonio espiritual la categoría de criterio religioso fundamental.

- En el **siglo XVIII**, siglo de las luces, se tiende a construir un sistema puramente **racional** de nociones religiosas, fundado en la naturaleza humana. El criterio real de verdad es, por tanto, para los teólogos luteranos y reformados, un principio de racionalidad.

- **Los teólogos protestantes del siglo XIX** insisten en la **experiencia personal** como lado subjetivo del «principio protestante» y como criterio independiente de la verdad religiosa. Este nuevo planteamiento iba dirigido contra el principio ortodoxo de la autoridad formal y última de la Biblia, y suponía también una crítica del principio de racionalidad del siglo XVIII.

- La teología protestante ha desplegado así sucesivamente, en un abanico temporal de tres siglos, tres criterios o principios, –**Biblia, razón, experiencia**–, cada uno de los cuales ha manifestado una fuerte inclinación a imponerse de manera absolutista y con olvido de los otros dos.

3.3. Siglo XIX y XX

- **Schleiermacher** (1768-1834) ha ejercido una influencia decisiva en el modo en que gran parte de la teología de los siglos XIX y XX ha planteado e intentado resolver la cuestión de la experiencia. Un aspecto capital del pensamiento de Schleiermacher, que viene dictado en gran medida por sus presupuestos filosóficos de tipo idealista, es entender que la experiencia religiosa es **la conciencia subjetiva** (conciencia del propio yo). De aquí arranca el protestantismo contemporáneo, que creerá encontrar en la experiencia subjetiva de la fe el fundamento de la certeza para la verdad cristiana asumida por la conciencia creyente.

S. Kierkegaard (1813-1855) constituye en el mundo protestante una excepción a estos planteamientos subjetivistas, porque la «pasión de la subjetividad» adopta en él la conciencia y el deseo de la no-reabsorción de la experiencia de Dios en el mero saber conceptual del hombre y en las vivencias humanas.

- **Los autores católicos modernistas** defendieron, a principios de siglo XX, la tesis de que la Revelación divina y la esencia del cristianismo consisten en una **experiencia del sujeto creyente**. Esta visión reductiva de la Revelación (identificada con un fenómeno subjetivo) y de la experiencia misma (privada de una referencia trascendente y externa al sujeto) aparece principalmente en los escritos de A. Loisy (1857-1940) y G. Tyrrell (1861-1909). La doctrina de los modernistas fue censurada por Pío X en la encíclica *Pascendi* (8.9.1907).

- La teología católica actual ha incorporado la experiencia a su reflexión ordinaria, con el fin de relacionarla adecuadamente con el conocimiento de fe, y situarla al mismo tiempo en un marco más amplio, en el que figura junto a la autoridad y la tradición.

4. Fe y experiencia

4.1. Circularidad entre fe y experiencia

Existe una estrecha relación entre fe y experiencia cristiana. Es una relación de cierta **circularidad**. Porque la fe procede de una experiencia religiosa en la que se incoa, y a su vez la experiencia cristiana es como el desarrollo de la fe en el sujeto.

La conexión entre experiencia y fe permite **evitar los dos extremos** que pueden ocurrir en la vida práctica del creyente: el **intelectualismo** y el **emotivismo**. La fe supone conocimiento y experiencia del misterio divino, y tiene por tanto un aspecto objetivo y un aspecto subjetivo. Una fe que no tendiese a la experiencia del misterio podría ser una fe en cierto modo vacía y abstracta. Una experiencia sin un contenido claro de fe podría desembocar en irracionalidad, o en un simple entusiasmo religioso sin fundamento ni equilibrio.

4.2. La fe busca la realidad de Dios

La relación entre fe y experiencia de la que hablamos aquí se apoya en el hecho de que el asentimiento de la fe no descansa o se detiene en la palabra oída, sino que pide entrar en ella, con un deseo de llegar hasta Dios.

> Escribe Sto. Tomás: «*Actus autem credentis non terminatur ad enuntiabile, sed ad rem*» (*Suma Teológica* II-II, 1, 2, ad 2). El acto del creyente no termina en el enunciado sino en la realidad.

4.3. Un don del Espíritu Santo

El Espíritu Santo concede a la persona una suavidad para aceptar la Revelación. Esta suavidad o dulzura interior es una **atracción** con la que el Espíritu testimonia íntimamente la palabra divina, con una acción iluminadora e inspiradora de afectos. Se trata de un instinto espiritual que supone una experiencia interior.

> Esta atracción interior puede considerarse y denominarse experiencia por la inmediatez con que se percibe como un hecho, y porque activa las capacidades intelectuales, afectivas, y sensibles de la persona creyente.

5. Características y condiciones de la experiencia creyente

Se sigue de todo lo expuesto hasta aquí que la experiencia del misterio divino es posible. Pero este **sentir a Dios** se realiza bajo unas **condiciones** determinadas, y presenta características que nos corresponde examinar ahora. La experiencia de Dios no se produce en estado puro ni de modo directo. Se halla siempre situada, es decir, mediada por el mundo exterior al creyente.

• **Se realiza a través de la experiencia del mundo finito**

El ser humano hace su experiencia de Dios a través del mundo finito, como punto de partida fenoménico que es trascendido en un determinado momento. El yo interior contribuye activamente a la experiencia, pero el estímulo que la provoca no es únicamente interior, sino que **proviene del mundo** que nos rodea (finito y simbólico) y de la experiencia que tenemos del mismo.

• **La experiencia de Dios es limitada**

  – **Dios es siempre mayor que cualquier experiencia** que podamos hacer de Él. Sea lo que sea lo que se descubra en el desarrollo de la experiencia, Dios lo supera siempre. El don divino es infinitamente superior a la capacidad humana de acogerlo, y nunca podemos, por lo tanto, encerrar o circunscribir a Dios en nuestra experiencia.

– La experiencia de Dios **no es una meta en sí misma**, o una situación lograda que se puede detener y conservar a discreción del sujeto. Quien hace de la experiencia un objetivo en sí mismo se está ocupando únicamente de su propia psicología.

– **Es Dios quien lleva la iniciativa**, y podemos así considerarle más sujeto que objeto de nuestra experiencia. De nada sirve buscarla si Dios no la concede graciosamente según su amor y beneplácito.

• **La experiencia de lo divino es paradójica**

No es siempre una experiencia de luz y de consuelo espiritual. Es también **vivencia de la cruz** y del **abandono** de Dios. Tiene como fuente y modelo el sentimiento vivido por Jesús al morir (cfr. Mt 27,46). Se manifiesta en la 'noche oscura', que es precisamente una experiencia de la no-experiencia (experiencia de la aparente ausencia de Dios).

• **La comunicación de la experiencia**

La experiencia es **inefable,** no del todo comunicable. Pero muchas experiencias se hallan, sin embargo, llamadas a ser comunicadas a los demás por su propia naturaleza de **carisma**, concedido para el bien de toda la Iglesia. Cualquier fenómeno espiritual y místico está referido a la totalidad del cuerpo eclesial.

6. Comprobación y autenticidad de la experiencia

Se puede decir que una experiencia sólo es válida en la medida en que se confirma. Hace falta lograr y articular una comprensión (racional) de la experiencia religiosa y cristiana, porque ésta no puede justificarse a sí misma sin un **fundamento** o base exterior que la sostenga objetivamente.

Esta comprobación o verificación se ordena a clarificarla y a liberarla de las posibles ambigüedades a las que, por su naturaleza subjetiva y movediza, está sujeta. Se trata, por tanto, de **discernir** si una experiencia espiritual determinada que se presenta como cristiana, lo es realmente.

Podemos invocar **cuatro criterios** como verificadores más importantes de la experiencia humana. Estos criterios de verificación no actúan o se cumplen por separado. Hacen falta todos, en mayor o menor medida, para discernir la validez cristiana de una determinada experiencia:

- ### Racionalidad

Aunque nos encontramos en un terreno espiritual, que contiene elementos sobrenaturales y a veces carismáticos, no hay que olvidar que no se da una experiencia verdaderamente humana sin el concurso de la razón y del conocimiento. Este criterio resulta fundamental para distinguir genuinas experiencias de otros fenómenos psicológicos caracterizados por el sentimentalismo, conmociones anímicas y alteraciones morbosas de la sensibilidad. La experiencia verdadera no conlleva anormalidad ni irracionalismo.

- ### Referencia cristológica

La experiencia cristiana tiene siempre a Cristo como camino hacia el Padre. La centralidad de Cristo es piedra de toque para comprobar el carácter verdaderamente cristiano de las vivencias espirituales y de las experiencias íntimas de los discípulos. La vida cristiana siempre tiene como referencia y conduce a Jesús y a su Espíritu.

- ### Integración eclesial

El cristiano vive en la Iglesia y a partir de ella. La Iglesia nutre su vida espiritual, y puede juzgar la validez de sus experiencias religiosas, con el fin de orientar y ayudar a su correcto discernimiento. La verdad sobre Dios es inseparable de la Iglesia donde aparece el verdadero rostro de Jesucristo.

- ### Coherencia cristiana

El criterio práctico para discernir la experiencia tiene hondas raíces evangélicas: «todo árbol se conoce por sus frutos» (Lc 6,44). Presenta un aspecto personal porque la experiencia tiene que producir una conducta moral adecuada al evangelio.

Esta conducta sobrepasa, como es lógico, el orden meramente individual, e incide en los demás en la Iglesia y en la comunidad humana considerada en su conjunto. La coherencia de la vida evangélica no puede detenerse en metas de santidad personal que no sean a la vez metas de servicio fraterno y de justicia.

La teología es una de las vías en la búsqueda del conocimiento de Dios. Comparte esta búsqueda con la vía contemplativa o espiritual. La teología recorre su camino hacia Dios, y hacia la comprensión del mundo desde Dios, de modo **racional y discursivo**.

En la vía espiritual se procede, en cambio, de manera más bien **afectiva e intuitiva**.

Son **dos vías de acceso a Dios** que no se deben oponer ni separar de modo absoluto. Existe entre ambas una relación y una afinidad que en ocasiones han llegado a ser muy estrechas. La teología sin contemplación degenera fácilmente en una ciencia de puros conceptos, y la contemplación sin teología podría convertirse en autoengaño y fantasía espiritual.

Puede decirse que la actividad teológica occidental se ha desarrollado en gran medida –sobre todo a partir del siglo XV– en un régimen negativo y empobrecedor de **separación** entre teología y experiencia espiritual.

> Han existido desde luego una presencia y una acción –no siempre fáciles de determinar– de la espiritualidad en el desarrollo de la teología, pero este hecho no ha impedido a la larga una fractura entre ambas. Este proceso ha empobrecido la teología académica de régimen científico, al separarla de la contemplación y de la devoción.

La reflexión cristiana debe ayudar a **rehacer la unidad** perdida, o por lo menos debilitada, entre dogmática y espiritualidad.

Aunque atribuyamos hoy a la teología el sentido de una actividad reflexiva, racional y metódica, no ha de olvidar que trata de misterios divinos que, por su propia naturaleza, han de ser más adorados y venerados que escrutados y analizados. Por tanto, ha de ser una «teología de rodillas», unida a la oración, y no simplemente instalada en una biblioteca.

El **sentido del misterio** divino es muy apto para impulsar la especulación teológica con un tono de respeto y veneración. Esto evitará al teólogo la tentación de querer explicarlo todo.

> La necesidad de esta complementariedad entre lo espiritual y lo teológico es hoy ampliamente sentida. En esta toma de conciencia ha influido el movimiento general de las ideas, especialmente el proceso renovador de la labor teológica que se inicia en el siglo XIX, así como la aparición de algunos **grandes autores espirituales** en cuyas obras se ponen de manifiesto las implicaciones teológicas de la experiencia espiritual.
>
> Tal es, por ejemplo, el caso de Santa Teresa del Niño Jesús (1873-1897), declarada Doctora de la Iglesia, y el de San Josemaría Escrivá de Balaguer (1902-1975).

Ejercicio 1. Vocabulario

Identifica el significado de las siguientes palabras y expresiones usadas:

- intelectualismo
- vivencia
- experiencia mística
- inefabilidad de Dios
- confesión de fe
- psicología religiosa
- teología monástica
- teología espiritual
- iluminación (teoría)
- *interior instinctus*

- dones del Espíritu Santo
- ortodoxia protestante
- conciencia subjetiva
- autores modernistas
- emotivismo
- noche oscura
- integración eclesial
- contemplación
- intuición / vía espiritual intuitiva
- «teología de rodillas»

Ejercicio 2. Guía de estudio

Contesta a las siguientes preguntas:

1. ¿En qué consiste el peligro del «intelectualismo» en teología? ¿Cómo se puede remediar?

2. ¿Qué es la experiencia religiosa?

3. ¿Es lo mismo experiencia religiosa y experiencia mística?

4. En cierto sentido, se puede afirmar que la fe de la Iglesia nace de una experiencia. ¿Qué significa esto y a qué se refiere?

5. ¿Cuál ha sido la influencia de Schleiermacher en teología contemporánea?

6. ¿Qué es el emotivismo? ¿Por qué es un riesgo teológico y de vida cristiana?

7. ¿En qué sentido se dice que la experiencia de Dios es siempre limitada?

8. Enumera los criterios o condiciones que se deben dar en la experiencia religiosa (particular) para que sea válida desde un punto de vista doctrinal.

9. ¿Qué se quiere decir cuando se habla de una «teología de rodillas»?

Ejercicio 3. Comentario de texto

Lee los siguientes textos y haz un comentario personal utilizando los contenidos aprendidos:

Al principio es, por decirlo de alguna manera, una fe tomada en préstamo, que no llega aún a la contemplación del contenido objetivo, pero que sí es ya confianza en una forma vital convincente y abre, por consiguiente, un camino por el que el hombre alcanza su propio crecimiento. Es, al principio, fe de segunda mano, entrada hacia la fe «de primera mano», hacia el encuentro personal con el Señor. Por lo demás, siempre quedará en nosotros algo de «segunda mano», lo que, en el fondo, responde a la naturaleza humana: nos necesitamos los unos a los otros, también, precisamente, cuando se trata de lo definitivo.

J. Ratzinger,
Teoría de los principios teológicos,
Herder, p. 423.

* * *

Dondequiera que el hombre descubra una referencia a lo absoluto y a lo trascendente, se le abre un resquicio de la dimensión metafísica de la realidad: en la verdad, en la belleza, en los valores morales, en las demás personas, en el ser mismo y en Dios. Un gran reto que tenemos al final de este milenio es el de saber realizar el paso, tan necesario como urgente, del fenómeno al fundamento. No es posible detenerse en la sola experiencia; incluso cuando ésta expresa y pone de manifiesto la interioridad del hombre y su espiritualidad, es necesario que la reflexión especulativa llegue hasta su naturaleza espiritual y el fundamento en que se apoya. Por lo cual, un pensamiento filosófico que rechazase cualquier apertura metafísica sería radicalmente inadecuado para desempeñar un papel de mediación en la comprensión de la Revelación.

Juan Pablo II,
Fides et ratio, n. 83.

TEMA 10

LA TEOLOGÍA, CIENCIA DE LA FE

La teología es "fe que busca entender". No es únicamente fe creída sino también fe pensada. Es por tanto una actividad intelectualmente rigurosa, que se lleva a cabo con sentido creyente y a la vez con sentido crítico y científico. El método de la teología es una cuestión fundamental para su carácter científico de una actividad intelectual. En el caso de la teología, los contenidos son los misterios revelados, que marcan la propia metodología del quehacer del teólogo, distinta de otras ciencias.

SUMARIO

1. El carácter científico de la teología. 1.1. Argumentos que niegan su carácter científico; 1.2. Fundamentación del carácter científico de la teología • **2. La ciencia teológica** • **3. La teología, ciencia de lo real** • **4. Dimensiones especulativa y práctica de la ciencia teológica** • **5. La teología como sabiduría** • **6. La teología y algunas ciencias sobre la religión** • **7. Relación entre la teología y las ciencias positivas** • **8. El método teológico** • **9. La estructura del método teológico.** 9.1. Teología positiva; 9.2. Teología especulativa • **10. Desarrollo y aplicación del método teológico.**

A lo largo de la historia del pensamiento humano se han dado modos diferentes de entender la ciencia, en función de las ideas sobre la inteligibilidad del mundo y la capacidad de la razón humana para conocer la realidad de las cosas. Según lo que se entienda por ciencia, se afirmará o no el carácter científico de la teología. Durante siglos la teología ha mantenido un claro *status* científico: no sólo era considerada una ciencia, sino la más elevada de las ciencias. Sin embargo, en la modernidad la concepción reductiva de la ciencia ha negado en buena medida el carácter científico a la teología.

1.1. Argumentos que niegan su carácter científico

- **Falta de planteamiento crítico**. Se rebate a veces la pretensión científica de la teología diciendo que ésta tiene que aceptar necesariamente la Revelación divina como fuente incondicionada de conocimiento a la que no se pueden hacer preguntas, lo cual contradice –se afirma– normas fundamentales de la dimensión crítica de la ciencia.

- **Carece de evidencia**. Otros sostienen que los principios teológicos carecen de evidencia y que por lo tanto la teología es semejante a un saber construido sobre arena. Puede contribuir a edificar el espíritu, pero no merece el nombre de ciencia.

- **No verifica sus conclusiones**. Se afirma también que la teología no verifica sus conclusiones y que no puede entonces originar en la mente la certeza que produce lo que ha sido validamente comprobado.

- **Es un conocimiento poco desarrollado**. Algunos pensadores, como A. Comte en el siglo XIX, han despreciado el carácter científico de la teología por considerarla un tipo de conocimiento que correspondería a un estadio infantil e inmaduro en el desarrollo intelectual de la humanidad.

- **No habla de una realidad demostrable**. Dios es como una simple idea en la mente humana, cuya realidad es indemostrable, aunque se acepte su existencia por motivos religiosos y éticos. No sabemos –dicen– si Dios es un ser real. Este Dios así concebido se limita a ser la fuente última de los valores humanos y el garante del más allá.

- **La fe no debe ser científica**. Incluso desde el mismo campo teológico, algunos autores no han aceptado la naturaleza científica de la teología. Afirman que entenderla como ciencia la hace demasiado humana y con ello resultaría alterado el carácter puro y desinteresado de la adhesión amorosa que es propia de la fe.

En la segunda parte de nuestro siglo se han reiterado las objeciones contra el carácter científico de la teología, esta vez por parte de la **teoría crítica de la sociedad** (Th. W. Adorno, J. Habermas) y del denominado **racionalismo crítico** (K. Popper, H. Albert).

- **La teología es ideología**. Al pretender justificar la fe dada y servir a la Iglesia, la teología se entiende a sí misma (dicen algunos) como una especie de **ideología**. Ha de acudir, por tanto, a factores argumentativos de tipo extrarracional, y a la **persuasión** retórica. La teología desempeña así una tarea y un papel puramente funcionales respecto a la fe y a la praxis eclesiástica. No sería, por lo tanto, ciencia sino ideología.

- Para muchos autores modernos, la teología no puede ser ciencia, sencillamente porque **los objetos de fe se consideran** *a priori* **como irreales** y no aptos para un tratamiento intelectual riguroso y objetivo.

Estas consideraciones contrarias a la cientificidad de la teología se han reforzado históricamente por el hecho de que la teología misma ha perdido hace mucho la condición hegemónica que disfrutaba en la cultura europea.

La verdad del saber, que antes se buscaba y se hacía a partir de lo teológico, se pretendió encontrar después a partir de la ciencia positiva, y la *Enciclopedia* de la Ilustración ocupó culturalmente el lugar de las Sumas de teología.

Muchas objeciones contra el carácter científico de la teología se han formulado desde una **concepción positivista** de la ciencia, para la que importa ante todo procesar datos mensurables y útiles.

Cuando se desarrollaron en la edad moderna las ciencias sectoriales individuales, tales como la astronomía, las matemáticas, la física, la biología, etc., se las concibió como ciencias exactas, es decir, ciencias que ya no preguntaban acerca del *qué* o la esencia o la causa de las cosas, sino acerca del *cómo* y del *para qué*.

Esta concepción positivista de lo científico ha sido, en el pensamiento actual, drásticamente **revisada** y ha recomenzado una búsqueda tímida pero suficiente de valores y objetivos últimos, así como la formulación de interrogantes sobre **el sentido** de la realidad. El positivismo se queda corto por no tener en cuenta la fundamentación última del saber.

1.2. Fundamentación del carácter científico de la teología

Decimos que la teología cristiana es ciencia porque es una exposición **racional y coherente** de un objeto bien preciso como son los misterios revelados, examinados a la luz de **principios** bien definidos, que termina en una **comprensión** más honda de esos misterios.

Los esfuerzos más amplios y sistemáticos para fundamentar el carácter científico de la teología cristiana se desarrollan a lo largo del siglo XIII y tienen a santo Tomás de Aquino como uno de los principales protagonistas, aunque no el único.

• **Fundamentación de Santo Tomás de Aquino**

Sto. Tomás adopta el **concepto aristotélico de ciencia** y trata de demostrar que ese concepto cuadra satisfactoriamente a la teología. Arranca de la idea de Aristóteles, para quien las ciencias humanas se encuentran ordenadas y jerarquizadas entre sí, de modo que, en algunos casos, esa jerarquización afecta a los principios o bases de la ciencia. Mientras hay ciencias que parten de principios evidentes para la observación y el conocimiento inmediato, hay en cambio otras que proceden de **principios no evidentes** por sí mismos, sino que son objeto de demostración o fundamentación en otra ciencia. Estas últimas ciencias se hallan por lo tanto subordinadas o subalternadas a las primeras.

En base a estas nociones, define la teología como **ciencia subalternada de la ciencia de Dios y de los bienaventurados**. El teólogo no puede comprobar por sí mismo las verdades afirmadas por la ciencia superior (subalternante), pero acepta esos contenidos y a partir de ellos inicia y desarrolla su trabajo.

Sto. Tomás llega a dos importantes conclusiones:

- En cuanto **desarrollo ordenado** de los contenidos de la fe, la teología es ciencia en sentido verdadero y propio. No hay obstáculo para reconocerle carácter científico, análogamente a como se le reconoce a las ciencias humanas, que no fundan ellas mismas su objeto y dependen para ello de otras superiores o fundantes. Los principios de la teología –los misterios divinos– son máximamente evidentes en sí mismos, y su luz opera a favor de la claridad y certeza teológicas.

- En cuanto **ciencia dependiente (subaltenada)**, poseída por un sujeto que no tiene al mismo tiempo la ciencia superior, es decir, la ciencia de Dios y de los bienaventurados, la teología es ciencia verdadera pero supone una referencia permanente a la ciencia superior, a la que aspira como meta última en el más allá.

La tradición agustiniana, representada principalmente por san Buenaventura, se distingue de la idea tomista de ciencia teológica a causa de mantener una noción diferente de felicidad o bienaventuranza última. Al ser un desarrollo de la fe por el que se incoa en esta vida la existencia futura, la teología debe tener ya, según el agustinismo, una ordenación y connaturalidad respecto al acto supremo de felicidad eterna, que consiste aquí precisamente en amar a Dios (felicidad radicada en la voluntad). Por eso la teología nunca puede ser teórica o científica, y para guardar la continuidad con la vida eterna de la que es germen, debe considerarse un **don de Dios**.

2. La ciencia teológica

Si partimos de una concepción básica de la teología como «fe que busca entender», puede afirmarse que la teología está en condiciones de reivindicar su carácter específico y propio como discurso sobre Dios dotado de sentido. Es posible la teología como ciencia.

La teología manifiesta su **condición científica**:

- Porque identifica y tiene en cuenta claramente los **principios** (revelados) de los que parte en su reflexión.

- Porque circunscribe con precisión su **campo de estudio**, que se centra en la realidad y la realización de la autocomunicación de Dios en Jesucristo.

- Porque procura atenerse a una **metodología rigurosa** y cada vez mejor comprobada en su coherencia interna, que muestra la ausencia de contradicción en los principios y axiomas.

- Porque se esfuerza en mostrar la **homogeneidad y corrección** en el modo de derivar los datos obtenidos a partir de los principios: este esfuerzo incluye la determinación precisa de las relaciones entre las afirmaciones teológicas, la experiencia religiosa acumulada en la Iglesia, y las observaciones y análisis de carácter histórico y social.

- Porque los conocimientos que obtiene son **comunicables** de manera ordenada y sistemática.

La existencia de **dogmas** no supone un lastre para el carácter científico de la teología. El dogma es, por definición, punto de partida para la reflexión sobre la fe. La verdad dogmática admite preguntas, que permiten a la teología ser ciencia del desarrollo histórico e intelectual de esa verdad.

> Ni siquiera la actividad científica más pura que pueda concebirse, se desarrolla con autonomía e independencia absolutas de presupuestos intrínsecos, institucionales y sociales.

La buena teología es consciente de sus **condicionamientos**, que le vienen impuestos por la presencia del misterio (inabarcable) y por las limitaciones del lenguaje.

La cientificidad y el rigor de la teología nunca es un logro plenamente adquirido, y el saber teológico siempre puede y debe acercarse un poco más al ideal de ciencia, sin perder su carácter específico de sabiduría creyente.

> Necesita por eso confrontarse con el modo y estilo científicos de otras **disciplinas profanas** y con los rasgos generales de la teoría normativa de la ciencia. Sin esta confrontación comparativa y orientadora, la teología no conseguiría precisar lo que debe hacer y seguir haciendo, para llamarse y ser verdaderamente ciencia de la fe.

3. La teología, ciencia de lo real

El hecho de que el lenguaje de la fe manifieste un **cierto carácter simbólico**, no significa que las doctrinas cristianas (Dios Trino, Creación, Revelación, Alianza, Encarnación, Redención, Resurrección, Iglesia, etc.) representen simples especulaciones simbólicas.

El símbolo lingüístico es aquí manifestación de una **realidad misteriosa** que nos alcanza y que alcanzamos a través de signos humanos. Las categorías de **verdad y falsedad** se aplican realmente a las proposiciones teológicas. El lenguaje de la teología no es ficticio ni se reduce a una función simplemente orientadora.

> Afirmaciones como «Dios ama al ser humano» o «las personas perviven después de la muerte» describen hechos verdaderos que repercuten directamente sobre la existencia humana. Sabemos por experiencia que la religión y sus contenidos son objeto habitual de actitudes cognoscitivas: creer, dudar, aceptar, esperar, etc.

4. Dimensiones especulativa y práctica de la ciencia teológica

La concepción científica de la teología exige entenderla como un hábito preferentemente **especulativo**, dado el importante papel que la razón desempeña en ella. Pero la teología no es una suma de teorías ni una ciencia dedicada a elucubraciones de gabinete. Posee respuestas últimas a **cuestiones vitales** para el cristiano y para toda persona, y debe suministrar luces al entendimiento y dirección a la conducta.

La teología es por lo tanto también **ciencia práctica** que debe informar la existencia del creyente, nutrir su vida espiritual, y motivar e impulsar en él la difusión de la fe cristiana. Junto a otras manifestaciones de la vida eclesial, la teología contiene excelentes energías y posibilidades para contribuir a la edificación de la misma Iglesia y a la transformación de un mundo que debe abrirse a los valores públicos del reino de Dios.

5. La teología como sabiduría

Además de ciencia, la teología cristiana es **sabiduría**, es decir, está por encima de la información y también del simple conocimiento. Su mirada a la realidad es más penetrante que la mirada filosófica o científica, que consideran las cosas sólo por lo que son.

La teología es conocimiento de todas las realidades divinas y humanas a través de la causa primera, que es Dios mismo, principio del orden universal. Ve las cosas todas de modo holístico y *sub specie æternitatis* (desde la perspectiva de la eternidad). Se esfuerza por **penetrar en el plan divino**.

Al penetrar en el sentido de los seres y de los acontecimientos según la visión de Dios, la teología se hace acreedora al nombre de sabiduría y puede desempeñar respecto a las ciencias humanas un papel de **unificación y síntesis**, sin que ejerza por ello ninguna clase de tutela sobre ellas. Nos dice que no basta detenerse en el conocimiento superficial de las cosas creadas y se ofrece como alma de un proyecto civilizador cuyo eje sea el conocimiento de Dios como origen, centro y fin del mundo y de la vida humana.

6. La teología y algunas ciencias sobre la religión

La teología se **distingue** netamente de otras ciencias que tienen parcialmente su mismo objeto material, tales como la ciencia de las religiones, la historia de los dogmas, la filosofía de la religión y la psicología religiosa.

* La **ciencia o historia comparada de las religiones** se ocupa en describir el origen, las formas, los contenidos y el desarrollo de las diferentes religiones y cultos que existen o han existido a lo largo de la historia de la humanidad. Se apoya en los recursos que le facilita el método histórico y no suele pronunciarse acerca del valor intrínseco de las instituciones religiosas que estudia.

- La **historia de los dogmas** cristianos parte de la base de que, en cuanto expresión humana de los misterios sobrenaturales, las fórmulas dogmáticas han sido fijadas por la Iglesia a lo largo de un proceso intelectual y espiritual que ha tenido lugar en el tiempo. La historia del dogma estudia las fases de ese proceso de formulación dogmática, que son un aspecto muy importante en la historia y el desarrollo del pensamiento cristiano. Esta disciplina es una fuente destacada de la teología.

- La **filosofía de la religión** estudia la esencia de la religión, las bases del hecho religioso, social e individual, en la naturaleza del ser humano, y los criterios racionales de verdad en asuntos de religión. La teología no puede ser asimilada a esta ciencia, ni por su objeto, que es el misterio de Dios conocido a través de la Revelación, ni por su método, que no busca explicaciones históricas ni filosóficas y se apoya en una razón que trabaja en el interior de la fe.

- La **psicología de la religión** describe la experiencia religiosa del creyente y los procesos interiores por los que el individuo desarrolla su vida espiritual y logra la unión con Dios. La teología puede tener en cuenta datos facilitados por la psicología religiosa, pero no coincide con ella, porque su tarea consiste en estudiar los datos objetivos de la Revelación tal como los propone la Iglesia.

7. Relación entre la teología y las ciencias positivas

Nos referimos no sólo a las relaciones externas entre teología y ciencia positiva, o entre teólogos y científicos, sino principalmente a la **relación interna** y de fondo entre la ciencia de la fe y el mundo del saber profano y empírico. Hemos de partir de la idea básica, ya recogida anteriormente, de que el cristianismo ha sido siempre acogedor respecto a la razón humana y ha adoptado generalmente una **actitud positiva hacia las ciencias**.

Los conflictos surgidos en el siglo XVII con motivo de la emancipación de las ciencias exactas y naturales, y simbolizados más o menos adecuadamente en el caso Galileo, representan una cierta crisis temporal dentro de las relaciones entre ciencia y fe, pero no han sido la última palabra en estas relaciones. Hoy podemos hablar no sólo de reconciliación entre teología y ciencias positivas, sino también de cooperación y conciencia de complementariedad.

La ciencia moderna se basa en principios que forman parte irrenunciable de la cosmovisión cristiana, tales como la naturaleza inteligible del mundo creado, que puede por tanto ser investigado por la inteligencia humana; y el carácter contingente de ese mundo, que, al no consistir en procesos necesarios, exige la experimentación para ser adecuadamente investigado.

La ciencia humana puede suministrar a la actividad teológica rigor, orden y valiosas informaciones, mientras que la teología encuentra el sentido último de la ciencia positiva y proporciona a ésta las bases y perspectivas adecuadas para desarrollar su trabajo. Hay muchísimos campos en los que teólogos y científicos pueden y **deben colaborar**. Cada vez se plantean más las llamadas **cuestiones fronterizas**, como son por ejemplo, el origen del mundo, la aparición del ser humano, la relación cuerpo-alma, mente-cerebro, la ecología integral, la ética del desarrollo económico, etc., en las que los análisis científicos deben interpretarse dentro de un horizonte de comprensión teológico.

8. El método teológico

El método o modo de proceder en la investigación de la verdad científica es muy importante para cualquier disciplina o rama del saber. Existe una gran **afinidad** entre el método de una ciencia y el objeto del que se ocupa. Método es precisamente vía o camino intelectual hacia un campo determinado del saber humano.

El método no determina ni construye el objeto de la ciencia, pero influye decisivamente en el éxito o fracaso de la investigación sobre ese objeto. Debe ser por tanto **adecuado** a la naturaleza de lo que se busca.

La evolución del método teológico se encuentra muy vinculada a la historia de la Iglesia, y también al desarrollo de la cultura y del pensamiento profanos. Se puede observar a largo de la historia de la teología un predominio general, aunque no excluyente, de la **función sapiencial** (siglos I-XII), **científica** (siglos XII-XX) y **práctica** (siglo XX).

9. La estructura del método teológico

La teología dogmática ha usado habitualmente desde el siglo XIX un modo de proceder que se apoya en dos componentes o fases metodológicas en estrecha vinculación: teología positiva y teología especulativa. No debe olvidarse que ambas tareas no son separables, y que no serían posibles como dos actividades aisladas entre sí. Los momentos positivo y especulativo de la teología forman una cerrada unidad.

La teología positiva analiza lo que se denomina *auditus fidei* (lo escuchado o recibido de la fe), es decir, el conjunto de **datos**, afirmaciones y comunicaciones que forman el depósito revelado, para examinarlos con detalle y descubrir el sentido preciso de cada uno.

La teología positiva se dedica en primer lugar a estudiar y conocer con detalle y rigor **las fuentes** propias del quehacer teológico, que son principalmente la Sagrada Escritura y la Tradición. Entra así en posesión de los elementos que debe usar a continuación en su fase especulativa.

> Si un teólogo desea saber, por ejemplo, cómo ser santo ante Dios, deberá antes de todo analizar el sentido que la Biblia y la Tradición dan a términos como fe, gracia, santidad, justicia, pecador, justo, conversión, arrepentimiento, buenas obras, mérito, retribución, etc. Su reflexión especulativa depende del análisis positivo que haga de las fuentes.

La fase positiva de la teología procura entonces determinar y establecer lo que Dios ha revelado y cómo lo ha revelado, es decir, si lo ha hecho directa o indirectamente, de modo explícito o implícito, con expresiones oscuras o claras, etc. Las doctrinas reveladas no se encuentran todas en la Escritura y en la Tradición con la misma nitidez, y es necesario con gran frecuencia un trabajo de interpretación de términos y expresiones.

La teología positiva es así la ciencia del contenido integral de la Revelación, que intenta determinar y trazar toda **la historia documental** del objeto creído en su revelación, su trasmisión y su proposición. Desea conocer, por así decirlo, el cuerpo o la forma externa del dato revelado, con el estilo metódico y exhaustivo que es propio de las ciencias positivas. No lo hace por deseos de erudición o de cultura, sino para llegar a una inteligencia más honda de la Palabra de Dios.

> La preocupación del teólogo por el dato positivo que necesita para su trabajo no debe entrañar positivismo, o atención a los datos por sí mismos y aislados de su marco dogmático y espiritual. El teólogo positivo no es un filólogo, ni un arqueólogo, ni un historiador, ni un crítico literario. Los elementos bíblicos, patrísticos, litúrgicos, etc. se ordenan a integrarse en la exposición de la doctrina dogmática, con el fin de hacerla más clara, amplia y profunda. El teólogo positivo se sirve de los métodos filológicos e históricos como teólogo. Partiendo de la fe, estudia la Revelación y sus testimonios a lo largo de los siglos.

Reviste gran importancia para el progreso de la teología que exista solidaridad y **colaboración** entre exégetas, historiadores de la doctrina cristiana y dogmáticos.

La teología especulativa se ocupa del *intellectus fidei* (lo pensado de la fe), es decir, de **comprender** los datos y articularlos en un edificio intelectual coherente.

> El momento positivo y el especulativo dos aspectos indispensables y complementarios de la teología. De nada serviría reflexionar sobre datos inciertos o no suficientemente comprobados e interpretados. Pero unos datos excelentemente conocidos en sí mismos no nos descubrirían, sin embargo, el significado de la Revelación sin una reflexión especulativa sobre ellos. La teología positiva sin la especulativa sería un ejercicio enumerativo de mera erudición filológica e histórica. La teología especulativa sin la positiva podría resultar un trabajo mental desarrollado en el vacío.

La inteligencia de la fe es como la coronación del trabajo teológico, pero es un punto de llegada que **nunca se alcanza** del todo. Aunque este momento de la teología se suele llamar especulativo o sistemático, hay que tener en cuenta el carácter aproximativo del saber teológico, que excluye el logro de un sistema cognoscitivo propiamente dicho.

La investigación teológica científica debe hacerse en un clima de **veneración religiosa hacia el misterio**, en humilde recogimiento ante la trascendencia de la fe, con sobriedad y sin atrevimientos racionalistas, ya que la inteligencia de la fe no puede ser tratada como si fuera el objeto propio de la razón humana.

> Lo recuerda el Concilio Vaticano I cuando afirma: «La razón, ilustrada por la fe, cuando busca cuidadosa, piadosa y sobriamente, alcanza por don de Dios alguna inteligencia, y muy fecunda, de los misterios... Nunca, sin embargo, se vuelve idónea para entenderlos totalmente».

10. Desarrollo y aplicación del método teológico

Los teólogos han buscado en los últimos decenios un modelo de proceder teológico que permita integrar las exigencias de la racionalidad crítica de la cultura secular y los contenidos de la tradición creyente que viven en la comunidad cristiana.

El **esquema metodológico general** de la teología se puede resumir en los siguientes puntos:

- **fijar** los datos de la Revelación

- **determinar** las cuestiones que esos datos suscitan, en sí mismos o en relación con la experiencia creyente del hombre y del mundo; y

- **reflexionar** sobre los datos, con ayuda de una visión determinada de la realidad

A partir de este esquema, la teología puede adoptar una **variedad** extraordinaria de opciones metodológicas concretas.

El método teológico ha de partir, de unos **presupuestos** necesarios:

- Una **recta concepción de la teología** como «fe que busca entender», lo cual exige a su vez la realidad de un Dios vivo que actúa libremente en la Revelación histórica, y se acepta y percibe en el acto de creer.

- Debe reconocer asimismo la **capacidad de la razón** humana para conocer la verdad y penetrar el sentido último de las cosas con la ayuda divina.

- Y ha de usar un tipo de filosofía que acepte **la realidad** del mundo y no entienda la fe como mera creación de la conciencia religiosa del creyente.

- Este método debe ser además un procedimiento de **integración** de elementos experienciales, hermenéuticos, filosóficos y pastorales, dentro de un marco eclesial. Determinados métodos privilegian de tal manera algunos de estos aspectos, que los convierten de hecho en opciones excluyentes de los demás.

La concepción y aplicación adecuada del método teológico puede regirse, al menos, por los **criterios** siguientes:

- **No existe un paradigma metodológico único** que pueda o deba considerarse *la* forma científica de la teología. Deben existir, por el contrario, diversos modelos y opciones, dado que no hay un método teológico ideal, y la teología necesita de esa variedad y complementariedad metodológicas para su desarrollo.

- Todo método teológico **comprende el *auditus fidei* y el *intellectus fidei*.** Es decir, ha de contar con la presencia irreductible del depósito de la fe como materia prima y dato no cuestionable, y con la razón humana, capaz de establecer contacto con la verdad, y de trasmitirla mediante el lenguaje.

- Todo método contiene aspectos falibles y provisionales, que, llegado el momento, deben ser superados. **El método no es inalterable**, y de ahí deriva un régimen de búsqueda continua. Suele progresar por enriquecimiento de lo anterior, lo cual supone la adición progresiva de nuevos elementos y perspectivas, pero también la eventual sustitución de esquemas operativos antiguos por otros mejores.

- En el método teológico no se pueden separar, formal y asépticamente, **modo y objeto**. Ambos son correlativos e **inseparables**. No es posible conocer o percibir el misterio cristiano sin una cierta participación afectiva del sujeto que conoce.

- El objeto no es nunca en teología un producto del método. **El objeto es condicionante**, no condicionado, y vive al margen de los procedimientos usados para aprehenderlo.

- El método teológico incluye necesariamente la consideración de la incidencia de la doctrina cristiana en **la vida del creyente**, de la comunidad y de la sociedad eclesial. Es decir, no se desarrolla a nivel puramente mental o abstracto. Tiene en cuenta la experiencia espiritual, trata de enriquecer la vida cristiana, y busca establecer contacto con la cultura.

Ejercicio 1. Vocabulario

Identifica el significado de las siguientes palabras y expresiones usadas:

- inteligibilidad del mundo
- concepción reductiva de la ciencia
- conocimiento crítico
- verificación
- retórica
- ideología
- principios evidentes
- ciencia subalternada
- agustinismo
- connaturalidad
- positivismo
- disciplinas profanas
- ciencia especulativa
- metodología
- praxis
- conocimiento holístico
- dimensión sapiencial de la teología
- filosofía de la religión
- historia de los dogmas
- psicología de la religión
- ciencias positivas
- cuestiones fronterizas
- *auditus fidei*
- *intellectus fidei*
- teología positiva
- teología especulativa
- paradigma metodológico

Ejercicio 2. Guía de estudio

Contesta a las siguientes preguntas:

1. ¿Por qué podemos afirmar que la teología es ciencia?

2. ¿Qué argumentos actuales tienen más peso para negar el carácter científico de la teología? ¿Por qué?

3. Explica qué dice santo Tomás sobre el carácter científico de la teología.

4. ¿Es la teología un saber especulativo o práctico? Razona la respuesta.

5. ¿En qué se distingue la teología de la filosofía de la religión?

6. ¿En qué consiste el carácter sapiencial de la teología? ¿Tienen también ese carácter otras ciencias, por ejemplo, las matemáticas?

7. Define qué es la teología positiva y la teología especulativa.

8. Señala algunos criterios para el uso correcto del método teológico.

9. ¿Qué límites tiene el *intellectus fidei*?

10. ¿Se podría hacer una teología positivista?

Ejercicio 3. Comentario de texto

Lee los siguientes textos y haz un comentario personal utilizando los contenidos aprendidos:

En cuanto a la preparación de un correcto *auditus fidei*, la filosofía ofrece a la teología su peculiar aportación al tratar sobre la estructura del conocimiento y de la comunicación personal y, en particular, sobre las diversas formas y funciones del lenguaje. Igualmente es importante la aportación de la filosofía para una comprensión más coherente de la Tradición eclesial, de los pronunciamientos del Magisterio y de las sentencias de los grandes maestros de la teología. En efecto, estos se expresan con frecuencia usando conceptos y formas de pensamiento tomados de una determinada tradición filosófica. En este caso, el teólogo debe no sólo exponer los conceptos y términos con los que la Iglesia reflexiona y elabora su enseñanza, sino también conocer a fondo los sistemas filosóficos que han influido eventualmente tanto en las nociones como en la terminología, para llegar así a interpretaciones correctas y coherentes.

Juan Pablo II,
Fides et ratio, n. 65.

* * *

Otro peligro considerable es el *cientificismo*. Esta corriente filosófica no admite como válidas otras formas de conocimiento que no sean las propias de las ciencias positivas, relegando al ámbito de la mera imaginación tanto el conocimiento religioso y teológico, como el saber ético y estético. En el pasado, esta misma idea se expresaba en el positivismo y en el neopositivismo, que consideraban sin sentido las afirmaciones de carácter metafísico. La crítica epistemológica ha desacreditado esta postura, que, no obstante, vuelve a surgir bajo la nueva forma del cientificismo. En esta perspectiva, los valores quedan relegados a meros productos de la emotividad y la noción de ser es marginada para dar lugar a lo puro y simplemente fáctico. La ciencia se prepara a dominar todos los aspectos de la existencia humana a través del progreso tecnológico. Los éxitos innegables de la investigación científica y de la tecnología contemporánea han contribuido a difundir la mentalidad cientificista, que parece no encontrar límites, teniendo en cuenta como ha penetrado en las diversas culturas y como ha aportado en ellas cambios radicales.

JUAN PABLO II,
Fides et ratio, 88.

TEMA 11

UNIDAD Y PLURALIDAD EN TEOLOGÍA

La teología es una, pero no es uniforme. Existen muchos y variados sistemas teológicos, métodos y tradiciones diversas. La teología, que es una en la unidad de la fe, ha tomado cuerpo, como ciencia, en una multiplicidad de disciplinas teológicas, que se han diversificado y establecido a lo largo del tiempo. Debe existir un equilibrio entre la unidad de la teología y la pluralidad de sus manifestaciones, materias, disciplinas, métodos y perspectivas de estudio.

SUMARIO

1. **El hecho del pluralismo en teología** · 2. **El pluralismo y la unidad de la fe; 3. Las disciplinas teológicas.** 3.1. Teología fundamental; 3.2. Teología dogmática; 3.3. Teología moral; 3.4. Teología espiritual; 3.5. Teología pastoral; 3.6. Teología litúrgica; 3.7. Teología bíblica; 3.8. Otros estudios teológicos.

Unidad no es no es lo mismo que uniformidad. La teología puede y debe ser **una y plural** al mismo tiempo.

> Dice la Comisión Teológica Internacional en *Quince tesis sobre la unidad de la fe y el pluralismo teológico*: «La unidad y la pluralidad en la expresión de la fe tienen su fundamento último en el mismo misterio de Cristo, el cual, por ser misterio de recapitulación y reconciliación universales (Ef 2, 11-22), excede las posibilidades de expresión de cualquier época de la historia y se sustrae por eso a toda sistematización exhaustiva».

La riqueza y hondura del misterio divino revelado son tantas que no podrán reflejarse en un único sistema teológico ni estudiarse con un solo tipo de especulación. El pluralismo teológico no es una expresión de relativismo dogmático ni significa que todas las opiniones religiosas sean igualmente válidas. Recoge el hecho de que existen diversos modos legítimos de reflejar la única verdad revelada.

La teología cristiana presenta en el curso de su larga historia abundantes **manifestaciones de pluralismo**. Diferentes tradiciones teológicas, escuelas y autores individuales. Son bien conocidas las diferencias entre la teología de Oriente y la elaborada en Occidente.

> Los **orientales** han desarrollado una teología que no habla de relaciones, sino de energías divinas, en el misterio trinitario, demuestra menos interés que los latinos por las definiciones conceptuales, y pone el acento más sobre la divinización de la criatura que sobre su salvación del pecado. La teología oriental cristiana parece más sensible al Misterio divino, como trascendente e inefable respecto a los conceptos humanos. Da consiguientemente más importancia a la negatividad y al silencio que a la palabra.
>
> El **Occidente**, en cambio, está más atento a los aspectos racionales de la Palabra divina y a su capacidad de traducirse en reflexión conceptual y en actuación práctica. Parece detenerse más en la encarnación que en la trascendencia.

Se podrían señalar como **causas** del pluralismo teológico:

- Puede decirse que el **fundamento** del pluralismo teológico, que es una cuestión típica de la teología católica, se encuentra en la **Revelación** misma. Al comunicarse con los hombres, Dios mismo se ha servido de una gran variedad de cauces, expresiones, y teologías.

  > La multiplicidad de libros comprendidos en el canon bíblico no es sólo un conjunto numérico, sino también pluralidad de perspectivas, estilos, lenguajes y métodos.

- El uso de **instrumentos conceptuales y filosóficos específicos** ha determinado también teologías diferentes.

Una teología influida por el platonismo no será igual que las teologías que han conceptualizado sus ideas en base al aristotelismo, aunque todas habrán de tener elementos básicos convergentes y nunca serán una mera función de las filosofías que usan.

- Pluralidad puede derivarse asimismo de las **percepciones diferentes**, intelectuales y espirituales, de las que proceden elaboraciones sistemáticas diversas.

Sistemas teológicos como el agustinismo, escotismo, molinismo y tomismo derivan de opciones, apreciaciones espirituales e instrumentos filosóficos diferentes. Ha habido generaciones de teólogos que han considerado al tomismo como la forma científica de la teología, mientras que algunos usan hoy otros métodos, sin dejar nunca de lado la autoridad y las pautas siempre válidas de Santo Tomás. Puede decirse que el Magisterio de la Iglesia ha procurado asegurar el respeto a estas y parecidas opciones para desarrollar la teología.

Consciente de que la teología no sólo avanza por deducción a partir de lo ya adquirido, ni sólo por maduración pacífica de lo que posee, sino también mediante el diálogo y la comparación con otros focos de verdad (cfr. encíclica *Ecclesiam Suam*, 1964), el **Concilio Vaticano II** acepta y estimula la **pluralidad** y anima a plantar la semilla de la fe en el suelo de las costumbres, la sabiduría, las artes y las ciencias de los pueblos evangelizados (cfr. *Ad Gentes*, n. 22)

La diversidad resultante en disciplina, ritos, liturgia, teología y espiritualidad es considerada como expresión y signo de la catolicidad de la Iglesia. El Concilio habla también de una **legítima variedad** en el campo de las expresiones teológicas de la doctrina. Esta variedad no va contra la unidad de la Iglesia, sino que, por el contrario, se ordena a promoverla.

2. El pluralismo y la unidad de la fe

El pluralismo en teología, con la multiplicación de enfoques y opciones metodológicas concretas que comporta, expresa la **riqueza** de posibilidades de la ciencia teológica así como sus capacidades operativas de **universalidad.** Plantea a la vez la delicada cuestión de cómo, en medio de una variedad muy acentuada, puede mantenerse la **unidad esencial** de la ciencia sagrada, y su naturaleza de *fides quaerens intellectum.*

El método pluralista en teología tiene unos **límites**, que vienen dados por la misma naturaleza del saber teológico, y que lejos de suponer restricciones extrínsecas, constituyen las condiciones mismas de un pluralismo que no debe perder su objeto.

Criterios básicos de este campo son los siguientes:

- El pluralismo de la teología debe construirse sobre el reconocimiento del **carácter objetivo y trascendente de la fe**, y de la posibilidad de alcanzar la verdad, de modo que ésta resulte la base de una comunicación enriquecedora. Un pluralismo mal entendido, que no tenga en cuenta la creencia común de la Iglesia, será de hecho una amenaza contra la unidad y la pureza de la fe misma.

- El teólogo ha de trabajar en el **marco de la fe de la Iglesia**, como sujeto comunitario creyente, y único sujeto adecuado del Misterio y la Palabra trascendentes. La verdadera teología, en su unidad y variedad, sólo puede nacer y desarrollarse dentro de la comunidad y de la vida eclesiales. En este marco adquiere su papel el Magisterio, que significa una referencia al conjunto, es decir, a *todos* los fieles cristianos, y a *todo* el depósito de la fe.

- Ha de tenerse en cuenta la **jerarquía de verdades** (cfr. encíclica *Ut unum sint*, n. 81), así como el hecho correlativo de que no todas las verdades de fe poseen el mismo rango: algunas pertenecen al núcleo central, mientras que otras se orientan más hacia la periferia.

- La importante distinción entre **sustancia** y **revestimiento** terminológico e histórico justifica y posibilita el pluralismo, y a la vez exige que cualquier teología haya de presentarse como portadora de aquella sustancia, sin alterarla con especulaciones excesivas o con el uso de filosofías inadecuadas.

- El necesario estilo dialógico no significa, sin embargo, que la Palabra deba ser entregada a las culturas sin **preservar** la **originalidad** y trascendencia de la Revelación cristiana.

3. Las disciplinas teológicas

La división de la teología en diversas disciplinas, por motivos históricos y pedagógicos, no debe hacernos olvidar que **la ciencia teológica es una**, como uno es el hábito teológico de quienes la cultivan.

La **unidad de la teología** deriva de su objeto principal, que es Dios; de su aspecto formal, que es siempre la razón iluminada por la fe; y de los principios en los que se fundamenta y de los que arranca, que son los misterios revelados. Las diferenciaciones que, al modo de ramas, puedan originarse en el árbol de la ciencia sagrada, no deben nunca entenderse como la **fragmentación** de un conjunto, sino como expresiones de riqueza espiritual y de vida.

Las disciplinas teológicas se apoyan mutuamente y han de ser investigadas y expuestas con un método que señale su **convergencia.** La moral no debe presentarse al margen de la dogmática, y la teología espiritual necesita determinar y tener en cuenta los fundamentos dogmáticos de los temas que estudia. Lo mismo puede afirmarse de otras disciplinas.

> La unidad de la teología se hallan expresadas en las siguientes palabras de Juan Pablo II, *Discurso en Altötting* (18.11.1980): «Toda la pasión que ponemos en el conocimiento teológico debe conducir, en definitiva, a Dios mismo... Concentración en Dios y en su salvación dirigida a los hombres, significa orden interno de las verdades teológicas. En el centro se encuentran Dios Padre, Jesucristo y el Espíritu Santo. Cuanto más profunda y radicalmente se capta el centro, tanto más claras y convincentes resultan las líneas que enlazan el centro divino con aquellas verdades que parecen más bien estar situadas al margen».

3.1. Teología fundamental

La teología fundamental ha nacido en efecto de la **apologética clásica**, que toma cuerpo a partir del **siglo XVI**, en las sucesivas polémicas con protestantes, incrédulos y deístas. Esta apologética tradicional elabora la triple demostración religiosa (existe Dios), cristiana (hay una religión revelada en Jesucristo), y católica (hay una Iglesia en la tierra, fundada por Jesús).

No es una teología natural ni una introducción a la teología. No trata de misterios concretos, sino del carácter razonable del hecho cristiano, considerado en su unidad y totalidad. Es por lo tanto la disciplina que estudia el acontecimiento de la **Revelación y su credibilidad**.

La disciplina se centra en la **Revelación** histórica manifestada por Dios a la humanidad y que tiene en Jesús su momento culminante; en la **fe** por la que el ser humano acoge la palabra divina; en el estudio del **misterio**, como categoría teológica básica; y en el **carácter religioso del ser humano**, que se halla constitutivamente abierto a la Revelación. Pero de otro lado, ha ampliado también sus campos de interés con **nuevas temáticas**, como el ateísmo, las religiones no cristianas, las ideologías, las ciencias humanas, etc.

3.2. Teología dogmática

La idea y el nombre de teología dogmática como rama específica del saber sagrado aparece en el **siglo XVII**.

La concepción a la que responde la constitución de la dogmática atribuye al **dogma** una importancia capital para la presentación sistemática de la doctrina cristiana en sus núcleos más característicos. La dogmática es entendida y desarrollada como ciencia del dogma eclesiástico, que tenía la misión de **exponer sistemáticamente los artículos de la fe**, apoyarlos en razones de Sagrada Escritura y Tradición, y analizarlos especulativamente con recursos racionales.

La dogmática se diversifica a su vez en **tratados** que se ocupan de la Trinidad de Dios, la creación, el ser y la obra de Jesucristo, la Iglesia, los sacramentos, la Virgen María, y las verdades escatológicas.

Esta disciplina básica constituye la porción más importante y decisiva de todo el saber teológico y puede decirse que todas las demás disciplinas tienen una relación directa con ella y dependen de ella en diverso grado. Las principales disciplinas dentro de la dogmática son:

- **Misterio de Dios**

Los tratados dogmáticos arrancan de la consideración del **misterio trinitario de Dios**, que constituye la base y la raíz de la religión cristiana. La Trinidad es cometido primario de la teología, por su grandeza, su centralidad, y su importancia pastoral.

> Por mucho tiempo, la teología, especialmente la de Occidente, ha sistematizado este tratado dogmático a partir de la consideración de la esencia divina, para captar luego en su interior la Trinidad de las Personas. En esta perspectiva –adoptada por san Agustín y santo Tomás de Aquino– el Dios Uno precede y fundamenta al Dios Trino. Este método se refleja en la conocida distinción de los dos tratados: *De Deo uno* y *De Deo trino*, y posee algunas ventajas, porque el primer tratado presenta una fuerza de racionalidad y de universalidad que le hacen teóricamente útil a todo el que cree en Dios.

> Pero los inconvenientes de esta división superan a las ventajas. El primer tratado tiende de hecho a sofocar al segundo, y éste se concentra excesivamente en la tarea de conciliar la Trinidad de Personas con la unidad de la esencia divina, con escasa referencia a la revelación histórica concreta del Padre, del Hijo y del Espíritu Santo.

> Numerosos autores han procurado corregir esta situación en los últimos años. Puede decirse que hoy predomina en el tratado una concepción que arranca de la Trinidad de Personas, si bien algunos anteponen una reflexión más o menos amplia sobre la cuestión de Dios, el ateísmo, y las vías para conocer a Dios.

- **Creación**

El tratado de la creación del mundo y del ser humano por Dios expone lo que podemos llamar el primer acontecimiento de la historia de la salvación, que se plenifica luego a partir de las misiones del Hijo y del Espíritu Santo. En el misterio de la creación, que no es una simple verdad cosmológica, Dios Trino pone en juego todos sus atributos, y ofrece una muestra desbordante de su amor.

La creación equivale a una **protología** (un saber del inicio), porque es la producción de un mundo habitado por el hombre y la mujer, que han de perfeccionarlo como tarea vocacional. A ellos –que son imagen de Dios– es entregada la tierra como morada y cometido hasta la consumación escatológica. Dentro de esta disciplina ha adquirido relevancia los estudios teológicos sobre ecología.

- **Cristología**

El misterio trinitario es la raíz de la teología cristiana, pero **Jesucristo** constituye **su centro**. Todo en la historia de la salvación apunta a Jesucristo, y la teología tiene consiguientemente una estructura cristocéntrica.

> Lo dice el Concilio Vaticano II en *Optatam Totius*, n. 14, cuando recomienda una articulación adecuada de las disciplinas teológicas, para que «todas ellas concurran armoniosamente a abrir cada vez más las inteligencias al misterio de Cristo, que afecta a toda la historia de la humanidad e influye constantemente en la Iglesia».

A partir de las afirmaciones de que Cristo es **perfecto Dios y perfecto hombre**, tal como se derivan de la Sagrada Escritura y de la tradición conciliar de la Iglesia, la cristología desemboca en el misterio de la unión hipostática y su formulación dogmática en el Concilio de Calcedonia (451).

Procede luego a exponer los **misterios de la vida del Cristo** prepascual: encarnación, vida terrena, muerte, y Resurrección. En conexión con la cristología, se encuentra la soteriología, el estudio de la salvación.

- **Mariología**

La mariología es la disciplina que estudia a María, su vida y su misión, su papel en la historia de la salvación y su relación con Cristo y la Iglesia. Se sitúa y estructura en estrecha dependencia respecto de la cristología.

- **Antropología teológica**

La antropología teológica estudia la condición creatural de la persona humana, creada a imagen de Dios, su condición pecadora después de la caída original, y su justificación y santificación por la gracia. A diferencia de la antropología filosófica, considera primero el origen del hombre, para ver luego su naturaleza y su fin, pero extrae de aquella antropología todas las informaciones, datos y perspectivas que estima necesarios y útiles para su propósito.

La raíz última de la antropología cristiana debe buscarse en la cristología, porque en el Verbo encarnado está la luz que ilumina el misterio del hombre y su destino.

La antropología teológica culmina en el **tratado de la gracia**.

- **Teología sacramentaria**

La teología sacramentaria o sacramental, es la disciplina teológica que estudia la naturaleza, el significado y la función de los sacramentos en la vida de la Iglesia. Desde hace tiempo ha experimentado una renovación inspirada en los Padres de la Iglesia y en íntima conexión con la realidad de la Encarnación. Esta teología tiene sus precedentes en autores como J. A. Moehler, J. H. Newman, y M. J. Scheeben, y ha sido adoptada por el Concilio Vaticano II. Postula que lo sacramental corresponde a la esencia del cristianismo, y que los sacramentos sólo resultan inteligibles en el marco de la eclesiología. La Iglesia es a su vez signo divino-humano de una realidad que la supera, que es Cristo y el Reino.

- **Escatología**

La escatología se sitúa en relación profunda con la teología de la creación, de la que constituye la consumación al final del tiempo por obra de la Providencia divina. Esta disciplina considera inicialmente **el sentido cristiano de la historia**, que es vista, en definitiva, como «historia de salvación».

Contenidos temáticos específicos de la escatología cristiana son los grandes **acontecimientos futuros**, objeto de esperanza, es decir, la parusía, la resurrección de los muertos, el juicio universal, y los nuevos cielos y la nueva tierra. Se ocupa asimismo de la situación del ser humano en el más allá: vida eterna, purgatorio e infierno.

> También la escatología se encuentra profundamente **vinculada a la cristología**, porque el destino humano consiste en recorrer el camino que Cristo ha recorrido como primogénito y primer resucitado.

> Hay que tener en cuenta que la escatología no es sólo una sección de la dogmática, sino también una **orientación** de toda la teología. Todos los tratados dogmáticos contienen una fuerte dimensión escatológica, en su tensión hacia el futuro definitivo de Dios.

- **Eclesiología**

La eclesiología es la disciplina teológica que estudia la naturaleza de la Iglesia, su origen, su misión y su estructura.

156   La Iglesia, cuyo misterio va unido al misterio de Cristo, se comprende a sí misma a la luz de la Revelación: es comunidad de creyentes, pueblo de Dios, elegido y llamado a vivir la misión de Cristo en la tierra; cuerpo de Cristo, en unidad y diversidad, unido por el Espíritu Santo; instrumento de salvación fundado por Jesucristo en el Espíritu Santo, para continuar su acción salvadora en la historia, etc.

La eclesiología también considera la relación de la Iglesia con el mundo, su vocación evangelizadora y misionera. En este línea se estudia la teología de la misión.

3.3. Teología moral

La teología moral posee diversos **precedentes** en los manuales prácticos para confesores escritos a lo largo de los siglos XIII, XIV y XV. Aparece como disciplina relativamente autónoma en el siglo XVI, cuando el género de manual para confesores se perfecciona y amplía para hacerse un libro completo, con una parte preliminar de doctrina moral general y una parte casuística.

> El desarrollo de estos tratados responde sobre todo a las cuestiones prácticas planteadas por la administración del sacramento de la penitencia, y muestra progresivamente los inconvenientes de una separación entre dogmática y moral, porque la teología moral se podía convertir en un tratado del fin último del hombre separado del tratado de Dios, y en un tratado de sacramentos separado de la cristología. Se corría así el riesgo de atenuar el carácter propiamente teológico de la moral, que parecía entonces quedar reducida a unas reglas de comportamiento derivadas de unos preceptos imperativos, y relativamente aisladas de la comunicación de Dios en Jesucristo.

Los tratados de moral procuran actualmente **no separarse de la raíz dogmática** de sus enseñanzas y plantear la vida cristiana no sólo como un combate contra los vicios, sino también como un esfuerzo para lograr, con la gracia de Dios, todas las **virtudes** cristianas, en orden a la felicidad.

Esta **renovación de la teología moral** tiene mucho que ver con las enseñanzas del Concilio Vaticano II, que sitúan en el centro de la moralidad a la persona libre, que sigue la llamada divina, percibida a través de su conciencia, con el fin de realizar su vocación última a la vida eterna. La conducta moral equivale al misterio vivido. Es el desarrollo de la vida en el Espíritu Santo, se hace de caridad divina y solidaridad humana, y es concedida gratuitamente por Dios como camino de salvación y de santidad.

La temática de la moral cristiana es tan extensa y variada como la vida, a cuyo servicio se encuentra. La **moral fundamental** se ocupa de los principios del actuar moral, reflejados en la ley, la moralidad de las acciones, y la conciencia. Ha de tenerse en cuenta que el sujeto no se halla ante la ley divina como ante un frío objetivismo normativo, porque una concepción moral bien entendida y practicada deberá ayudarle a una **asimilación personal**, y en **conciencia**, de un horizonte moral que equivale en último término a una existencia libre según el Evangelio.

Desde una perspectiva de gracia, que se encuentra siempre amenazada en la condición humana finita por la triste posibilidad de pecar, la moral recorre los **mandamientos de la ley de Dios**, en cuyo cumplimiento se actúa el despliegue de la plenitud cristiana.

Importancia especial revisten los deberes morales sociales en el seno de la comunidad humana, que entrañan obligaciones de participación, responsabilidad y ejercicio de la justicia social. Esta materia es tratada por la moral social.

La teología moral no se encierra ya en cuadros puramente categoriales (virtud, norma, objeto moral, etc.), sino que ha alargado sus perspectivas, para ocuparse de los fundamentos trascendentes de la vvida cristiana: imagen de Dios, vocación a la santidad, incorporación a Cristo, vida en el Espíritu, comunión fraterna, etc. Se suele abordar bajo la denominación de moral de la persona.

3.4. Teología espiritual

La teología espiritual es una rama de la teología que se enfoca en la experiencia religiosa y la vida espiritual del cristiano. Los creyentes tienen a Dios, revelado en Jesucristo, como fuente, modelo y término de su vida espiritual. Es una ciencia fundada en los principios de la Revelación y en la experiencia de la Iglesia, especialmente la vida y enseñanzas de los santos. Suele ocuparse de estudiar el organismo de la vida espiritual, para analizar las leyes de su progreso.

La teología espiritual estudia por tanto la **existencia cristiana** en cuanto camino de encuentro y comunicación entre Dios y la persona humana. Entiende aquella existencia como desarrollo de la vida incoada en el bautismo y encaminada a su plenitud escatológica. La vida del cristiano se contempla en esta disciplina como una realidad situada en el mundo, porque la persona humana realiza su fin último a través de su existencia temporal.

> La espiritualidad se halla muy **vinculada a la dogmática**, no sólo porque ésta constituye su explicación y su base última, sino también porque los diferentes estilos y modos de encarnar y vivir el espíritu del evangelio reflejan aspectos distintos, pero conexos, del único misterio de Dios en Jesucristo y en el tiempo de la Iglesia.

Teología moral y teología espiritual tienen mucho en común. Son aspectos de una única antropología sobrenatural, que se funda en la llamada de Dios a la santidad, y en la condición ética y libre de todo acto de la conciencia. Se diferencian en que la teología moral se ocupa más bien de la estructura de la acción y busca las leyes que la regulan, mientras que la teología espiritual considera la evolución dinámica de la vida cristiana.

3.5. Teología pastoral

La teología pastoral atiende especialmente a los aspectos salvadores del mensaje revelado y a la verdad dogmática en cuanto que ha de hacerse **operativa** y eficaz en el mundo a través de **la misión de la Iglesia**. Se centra por tanto en el estudio de la Iglesia, que vive siempre en situaciones históricas concretas, y de su **acción evangelizadora**.

> La pastoral analiza la repercusión de nuevas condiciones económicas y culturales en la actividad evangelizadora de los cristianos, las relaciones de la Iglesia con una sociedad secularizada, o con otras comunidades religiosas que profesan credos diferentes, el papel de los bautizados en el mundo del que deben ser levadura espiritual, los nexos de la Iglesia con el poder civil y las cuestiones relativas a la libertad religiosa y a la tolerancia, etc.

La voluntad universal salvífica de Dios, la conciencia de que la Iglesia se halla, por voluntad divina, al servicio de la humanidad entera, y el imperativo de que todos los pueblos se abran a la gracia del redentor, son los presupuestos básicos de la teología pastoral. Puede coincidir en mayor o menor medida con la teología de la misión.

3.6. Teología litúrgica

La liturgia es el cauce sacramental por el que la Iglesia anuncia y celebra el misterio de Cristo, para que los fieles puedan vivir de él, y dar testimonio cristiano en el mundo (cfr. Constitución *Sacrosanctum Concilium*, n. 2).

> Hasta poco antes del Concilio Vaticano II (1962-1968), la liturgia era una disciplina auxiliar, equiparada a la arqueología y estudiada, sobre todo, bajo un punto de vista histórico y ritual.

> La constitución *Sacrosanctum Concilium* (1963) ha modificado esta situación, al señalar que «la asignatura de Sagrada Liturgia se debe considerar entre las **materias necesarias y más importantes** en los seminarios y casas de estudio de religiosos, y entre las asignaturas principales de las facultades teológicas. Se explicará tanto bajo el aspecto teológico e histórico, como bajo los aspectos espiritual, pastoral y jurídico» (n. 16).

La teología litúrgica profundiza en el significado de la liturgia, reconociéndola como un lugar de encuentro con Dios, una celebración de las verdades de la fe y una fuente de vida para la Iglesia.

Los principales **instrumentos** de trabajo de esta disciplina son los libros sacramentarios antiguos, los leccionarios y rituales de los sacramentos, los pontificales y misales, los breviarios, así como los libros y documentos relativos a la reforma litúrgica ordenada por el Concilio Vaticano II y promulgada por Pablo VI.

3.7. Teología bíblica

Podríamos describir la teología bíblica como la reflexión teológica sobre el contenido de la Sagrada Escritura, entendida como lugar de Revelación de Dios. Con este fin estudia los textos con metodologías variadas que permiten ordenarlos, sistematizarlos, ver sus relaciones y profundizar en su comprensión.

> Esta disciplina inicia su andadura actual con los humanistas italianos del siglo XIV, arraiga y se desarrolla considerablemente en el terreno de la crítica escriturística, realizada por los protestantes desde el siglo XVIII, y se considera hoy como momento conclusivo o sintético de las operaciones realizadas por el conjunto de las ciencias bíblicas.

La teología bíblica contiene metodológicamente estudios variados sobre los libros individuales (autor, época, contexto, situación, fin, género literario, crítica textual, etc.) y sobre el corpus bíblico en cuanto tal (canon, inspiración, veracidad, interpretación, unidad de la Escritura, etc.). Parte de su tarea consiste en la exégesis, hermenéutica o interpretación bíblica.

> La teología bíblica ha hecho posible el descubrimiento de nuevas perspectivas en todos los tratados dogmáticos, que, sin perder rigor especulativo, pueden conducir su reflexión cada vez más atentos a la Palabra de Dios. Su tarea no es sólo reforzar y corroborar las tesis dogmáticas, sino también enriquecerlas, y en ocasiones replantearlas o situarlas en un contexto diferente, que facilite su mejor comprensión.

3.8. Otros estudios teológicos

Hay otras partes variadas de la teología que se pueden integrar en las ya expuestas, o desarrollarse con autonomía. La diversidad puede ser grande, así como los nombres usados. Destacamos aquí algunos estudios significativos:

- **Teología ecuménica**: reflexión teológica sobre la unidad y la misión de la Iglesia, abordada desde la perspectiva de los esfuerzos ecuménicos para superar las divisiones históricas que se han desarrollado en la única Iglesia de Jesucristo. Se puede estudiar como parte de la eclesiología.

– **Teología histórica**: estudio del pensamiento teológico cristiano en su desarrollo histórico desde la época patrística hasta la actualidad. Su perspectiva es histórica y teológica, analizando los principales teólogos y sus contribuciones, así como los contextos culturales y sociales en los que se desarrollaron sus ideas. Está estrechamente unida a otras disciplinas como la historia de la Iglesia, patrología, etc.

Ejercicio 1. Vocabulario

Identifica el significado de las siguientes palabras y expresiones usadas:

- pluralismo teológico
- relativismo
- teología oriental
- jerarquía de valores
- disciplinas teológicas
- apologética
- credibilidad
- teología fundamental
- tratados (dogmáticos)
- *De Deo Trino*
- protología
- teología histórica
- gracia
- escatología

- providencia
- casuística (moral)
- moral fundamental
- incorporación a Cristo
- teología de la misión
- teología espiritual
- teología pastoral
- eclesiología
- rituales (sacramentos)
- pontifical
- breviario
- exégesis
- ecumenismo
- patrología

Ejercicio 2. Guía de estudio

Contesta a las siguientes preguntas:

1. Hay diversas teologías, ¿cuál es la razón última de esa variedad?

2. Si la fe es una, ¿por qué hay tanta pluralidad en concepciones y sistemas teológicos?

3. ¿Qué es la «jerarquía de verdades»? ¿Qué importancia tiene en la actividad teológica?

4. ¿Hay muchas ciencias teológicas o sólo hay una? Razona la respuesta.

5. ¿Cuáles son los temas principales de la teología fundamental?

6. ¿Cuáles son los tratados fundamentales (clásicos) de la teología dogmática?

7. ¿Cómo conectan con la cristología otras disciplinas teológicas?

8. ¿A que se refiere la renovación de la teología moral? ¿Cuándo se ha producido esa renovación?

9. ¿Qué es la teología pastoral? ¿Qué conexión tiene con las otras disciplinas teológicas?

10. ¿Es importante hoy la teología ecuménica?

Ejercicio 3. Comentario de texto

Lee los siguientes textos y haz un comentario personal utilizando los contenidos aprendidos:

La pluralidad de teologías es indudablemente necesaria y está justificada. Surge fundamentalmente de la abundancia de la verdad divina que los seres humanos pueden comprender solamente en sus aspectos concretos y nunca como un todo, y menos aún de forma definitiva, sino siempre, por así decirlo, con ojos nuevos. Surge también porque ante la diversidad de los objetos que considera e interpreta (por ejemplo, Dios, los seres humanos, los acontecimientos históricos, textos), y ante la diversidad tan grande del modo humano de investigar, la teología debe inevitablemente recurrir a una pluralidad de disciplinas y métodos, conforme a la naturaleza del objeto que se estudia. La pluralidad de teologías refleja, de hecho, la catolicidad de la Iglesia, que se esfuerza en proclamar el único Evangelio a gentes de todas partes y en toda clase de circunstancias.

COMISIÓN TEOLÓGICA INTERNACIONAL,
La teología hoy: perspectivas, principios y criterios.

*   *   *

El objeto de la teología es el Dios vivo, y la vida del teólogo no puede dejar de verse afectada por el esfuerzo sostenido de conocer al Dios viviente. El teólogo no puede excluir de su propia vida el esfuerzo por comprender toda la realidad en referencia a Dios. La obediencia a la verdad purifica el alma (cf. *1 Pe* 1,22), y «la sabiduría que viene de lo alto es, en primer lugar, intachable, y además es apacible, comprensiva, conciliadora, llena de misericordia y buenos frutos, imparcial y sincera» (*Sant* 3,17). Se deduce que la labor de la teología debería purificar la mente y el corazón del teólogo. Esta característica particular de la empresa teológica no violenta en modo alguno el carácter científico de la teología; al contrario, está en profundo acuerdo con este último. De este modo, la teología está caracterizada por una espiritualidad propia. Son parte integrante de la espiritualidad del teólogo: el amor a la verdad, la disposición hacia la conversión del corazón y la mente, el esfuerzo por la santidad, y el compromiso con la comunión y la misión eclesial.

COMISIÓN TEOLÓGICA INTERNACIONAL,
La teología hoy: perspectivas, principios y criterios.

BIBLIOGRAFÍA

Documentos principales:

— CONCILIO VATICANO II, *Dei Verbum*.
— CATECISMO DE LA IGLESIA CATÓLICA, nn. 26-184.
— FRANCISCO, Encíclica *Lumen fidei*, cap. 2.
— JUAN PABLO II, Enc. *Fides et Ratio*, 14.IX.1998.
— CONGREGACIÓN PARA LA DOCTRINA DE LA FE, *Instrucción sobre la vocación eclesial del teólogo*, 1990.

Otros documentos:

— CASCIARO, J.M., *El método histórico-crítico en la interpretación de la Biblia*, Scripta Theologica 27 (1995), pp. 131-140.
— CONGAR, Y., *La fe y la Teología*, San Sebastián 1964.
— , *La Tradición y las tradiciones*, Barcelona 1981.
— DANIÉLOU, J, *Dios y nosotros*, Madrid 2003.
— FIDALGO, J.M., *Ver por tus ojos. Poner a Cristo en el centro del pensamiento*, Eunsa, Pamplona 2019.
— GILSON, É., *El espíritu de la filosofía medieval*, Madrid 1981.
— GUARDINI, R., *La esencia del cristianismo*, Madrid 2006.
— , *Etica*, Madrid 1999. (Segunda parte).
— , *La existencia del cristiano*, Madrid 1997.
— IZQUIERDO, C., *El dogma y su interpretación*, Scripta Theologica 23 (1991), pp. 893-920.
— , *Algunas reflexiones en torno al método teológico y la filosofía del lenguaje*, Scripta Theologica 14 (1982), pp. 347-354.
— ILLANES, J.L., *Sobre el saber teológico*, Madrid 1978.
— JAEGER, W, *Humanismo y Teología*, Madrid 1962.
— LORDA, J.L., *Avanzar en teología*, Madrid 1999.

— Mondin, B., *Introduzione alla Teologia*, Milano 1991.

— Morales, J., *Experiencia religiosa*, Scripta Theologica 27 (1995), pp. 65-91.

— Ratzinger, J., *Naturaleza y misión de la Teología*, Pamplona 2009.

— , *Teoría de los principios teológicos*, Barcelona 1985.

— Santo Tomás de Aquino, *Suma Teológica*, 1,1, 1-10.

— VV.AA., *Diccionario de Teología*, EUNSA, Pamplona 2006.

SITIOS DE INTERNET

www.almudi.org

Ofrece información sobre la Iglesia y la cultura de hoy, temas de actualidad y cuestiones sobre la fe y la vida cristiana. Tienes muchos recursos, libros, documentos del Papa, textos para la oración… todo muy práctico.

www.arguments.es

Su objetivo es difundir buenos materiales en internet para la catequesis y la formación cristiana. Bien presentado y accesible, con muchos recursos informáticos. Visualmente es sencillo y agradable. Tienes cursos de formación doctrinal muy buenos.

www.arvo.net

Portal para la difusión de ideas coherentes con el humanismo cristiano, apoyados en la competencia científica de los autores. Artículos de ciencia, literatura, religión, teología, filosofía, espiritualidad, cine, poesía, etc. Buen servicio de documentación.

www.encuentra.com

Un portal de calidad con documentación sobre doctrina cristiana que sigue el esquema del Catecismo de la Iglesia Católica.

www.interrogantes.net

Un lugar sobre cuestiones relacionadas con la fe y los valores cristianos. Destaca por la documentación sobre temas de actualidad de doctrina cristiana. Tiene una colección de «casos prácticos de fe y moral» muy interesante.

www.vatican.va

Portal oficial de la Santa Sede (en idiomas) donde se ofrecen todos los documentos del Magisterio de la Iglesia, las noticias e intervenciones del Papa, galerías de fotos, etc.

ÍNDICE GENERAL